KB203944

밤에 잠을 이루지 못할 때면 인생에서 커다란 고통을 겪는 친구들을 위해 간절히 기도한다. 나는 하나님에게 그들이 더 잘 인내하게 해달라고, 그들의 꺼져 가는 희망의 불씨를 살려 달라고, 그들에게 견고한 믿음을 심어 달라고 간절히 구한다. 이제 내가 하는 이런 기도에 도움이 될 훌륭한 안내서를 만나게 되었다. 내 친구 낸시 거스리는 이 놀라운 작품에 강력한 성경 구절들과 하나님이 주신 지혜를 가득 담아 두었다. 책의 모든 내용이 매우 시의적절하고 실용적이기 때문에 무척 감동스러웠다. 나는 오랜 시간 사지마비라는 고통을 안고 살아왔다. 그래서 기도가 가슴이 미어지는 고통을 견디는 능력에 커다란 영향을 끼친다는 사실을 몸소 깨달았다. 《무엇을 위해 기도할까》를 꺼내서 읽으며 기도해 보라. 당신이 기도하고 있는 소중한 사람의 상처와 지친 마음에 성경 말씀을 덧입혀 보라. 그들은 결코 예전과 같지 않을 것이며 당신도 그러할 것이다.

조니 에릭슨 타다 | 《조니 에릭슨 타다의 희망 노트》 저자

이 책은 상처받은 사람들을 위해 기도할 수 있도록 성경에 근거하고 예수님 중심으로 써 내려간 아름다운 안내서이다. 낸시 거스리는 이 일에 가장 적임자이며, 이 책 또한 매우 적절한 내용을 담고 있다.

랜디 알콘 | 《돈, 소유, 영원》, 《헤븐》 저자

이 독특한 책은 하나님의 백성을 위한 귀한 선물이다. 낸시 거스리는 이 간결하고 경건한 책으로 우리가 시련과 고통을 겪는 우리 주변 사람들을 위해 더 효과적이고 구체적이며 성경적으로 기도할 수 있도록 가르쳐 준다. 시중에 있는 기도에 대한 많은 책은 주로 독서를 위해 만들어졌다. 그런데 《무엇을 위해 기도할까》는 실제로 기도할 때 사용할 수 있는 책이다. 그리고 나는 이 책을 자주 사용할 것이다.

스콧 앤더슨 | 디자이어링갓(Desiring God) 최고 경영자

이 책에는 기가 막힌 내용들이 담겨 있다. 고통받는 형제자매들을 위해 기도하고 격려하고자 하는 많은 이가 유용하게 사용할 수 있을 것이다. 이 책을 주신 하나님에게 감사한다.

크리스토퍼 애쉬 | 《욥기-십자가의 지혜》, 《결혼, 그 아름다운 예배》 저자

하나님의 백성이 해주는 기도는 항상 내게 소중한 선물이었다. 그중에서도 최근 남편이 암 투병 중일 때 해준 기도는 그 어느 때보다 놀라웠다. 낸시 거스리가 우리에게 건네 준 이 훌륭하고 실용적인 책은 투병 중인 친구를 위해 기도할 때 큰 도움이 될 것이다. 성경에 근거해 기도를 드리고, 날마다 그 친구를 위해 어떻게 기도하고 있는지 나누면서 격려까지 선물할 수 있도록 도와준다.

낸시 드모스 월게머스 | 《여성들이 믿고 있는 거짓말》, 《용서를 선택하라》 저자

낸시 거스리의 《무엇을 위해 기도할까》는 가장 실제적이고 성경적인 기도 안내서다. 우리 주변에 있는 누군가가 고통을 겪고 있을 때 우리는 자연스럽게 그들을 위해 기도하겠다고 말한다. 그러나 결국은 기도하지 않고 넘어 가는 경우가 많다. 또 막상 기도를 하는 경우에도 어떻게 기도해야 할지 몰라 막막하다. 이 책에서 성경 말씀을 묵상한 40개의 짧은 글들은 복음이 주는 위로와 부르심을 잘 담고 있다. 이를 통해 거스리는 우리가 누군가를 위해 기도하는 내용이 하나님이 은혜로 우리에게 계시하신 것들과 일치한다는 사실을 알려 준다. 하나님은 우리에게 하나님이 누구신지, 하나님이 우리를 위해 무엇을 하셨고 하고 계시는지, 그리고 하나님이 부르신 자녀 된 삶이 어떠해야 하는지 말씀하셨다. 우리는 이 책에서 이러한 내용을 명확히 이해하고 확신하는 가운데 누군가를 위해 기도하는 것이 무엇인지 배울 수 있다. 이 타락한 세상에서 고통받는 삶을 헤쳐 나가는 사람들과 함께 걸어가면서 우리는 이 작은 보석 같은 책을 자주 꺼내서 보게 될 것이다.

폴 데이비드 트립 | 《완벽한 부모는 없다》, 《교리와 삶은 하나입니다》 저자

무엇을 위해 기도할까?

기도가 필요한 사람을 위해
신실하게 기도하는 법

낸시 거스리 지음

무엇을 위해 기도할까?

I'm praying for you

구름이 머무는 동안

사랑하는 자여 네 영혼이 잘됨 같이
네가 범사에 잘되고
강건하기를 내가 간구하노라

요한삼서 1장 2절

차례

Part 2. 범사에 잘되고

Part 3. 강건하기를

Part 4. 간구하노라

소중한 사람이 어려운 일을 겪을 때, 우리는 종종 "너를 위해 기도할게"라고 말한다. 하지만 그 다음에는 어떻게 할까? 정말 기도하는가? 그렇다면 무엇을 위해 기도하는가? 또 무엇을 위해 기도해야 하는지 어떻게 알 수 있는가?

대부분은 고통받는 이들을 위해 기도할 때, 제한된 단어를 사용한다. 보통은 고통을 없애 달라고 간구하는 기도에서 더 나아가지 못한다. 이런 기도는 본능적으로 나온다. 우리는 하나님이 사랑하는 사람들에게 선을 행하기 원하실 뿐 아니라 그렇게 행하실 능력도 가지고 계신다고 믿는다. 그래서 하나님에게 우리를 위해 일해 주시기를 기도하는 것이다.
물론 이런 본능은 선하다. 그런데 이런 기도는 대부
분 우리가 처한 상황에서 최선의 결과라고 생각하는
것을 이루어 달라고 간구하거나, 고통받는 사람이
기도해 달라고 요청한 것을 그대로 구하는 데 그치
고 만다.

　우리가 겪는 고통도 하나님의 주권 아래 있다고
믿는가? (그렇지 않다면 왜 기도하려고 하겠는가?) 하
나님이 누군가의 삶에 고통을 허락하실 때에는 그에
대한 분명한 목적이 있다는 것을 믿는가? 정말 믿는
다면 우리의 기도 방식은 달라져야 하지 않을까? 하
나님이 누군가에게 고난을 허락하신 것은 그 사람의
유익과 하나님의 영광을 위해서이다. 그러므로 우리
생각과는 아주 다른 독특한 방식, 곧 고난을 통해 그
목적을 성취해 가시는 하나님을 바라볼 때 오히려
환영해야 하지 않을까?

　성경은 우리가 그렇게 할 수 있도록 도와준다. 우
리의 삶과 소중한 사람들의 삶에는 고통이 따르기
마련이다. 성경은 이 고통을 통해 하나님이 이루고

자 하신 바를 이루시도록 간구할 수 있는 단어를 우리에게 알려 준다. 성경이 알려 주는 단어를 사용하여 하나님에게 간구해 보자. 고통을 통해 하나님이 선한 목적을 이루실 것이라고 막연히 기대하는 것은 그만하고, 정말 그렇게 해달라고 간구하자.

이 책에서 우리는 하나님이 소중한 이를 고통 가운데 두신 목적을 알게 하는 40개의 성경 구절을 살펴볼 것이다. 성경은 우리가 하나님이 응답하기를 기뻐하시는 기도를 드릴 수 있도록 도와준다. 또한 우리가 하나님이 약속하신 일을 하실 것이라고 막연히 기대하지 않고, 하나님에게 간구하도록 도와준다. 하나님이 약속하지 않으신 일을 요구하는 데 너무 힘을 빼지 않도록.

각 성경 구절에서 하나님이 무엇을 말씀하시는지 깊이 생각한 다음, 그 말씀을 기도로 바꿔 보자. 제시된 기도문에 우리가 기도하는 사람의 이름을 넣어서 기도해 보자. 각 장 끝에 나오는 문장들을 사용하여 우리의 기도 대상자에게 메시지를 보내 보자. 그 사람은 우리가 기도하고 있다는 사실뿐만 아니라 정확히 어떤 내용으로 기도했는지도 알게 될 것이다. 이렇게 하면 각 성경 구절은 우리 기도의 길잡이가 될 뿐만 아니라 기도 대상자에게 더욱 집중하여 격려할 수 있게 도와준다.

물론 우리는 그들이 치유되고, 안심하게 되고, 회복되게 해달라고 기도할 것이다. 하지만 성경은 거기서 멈추지 않기에 우리 기도도 거기서 멈추지 않을 것이다. 부서진 부분이 온전해지도록 기도하는 대신, 영광스러운 하나님의 성품이 그 부서진 부분을 통해 각자의 인생에서 독특하게 드러나게 해달라고 기도할 것이다. 기도는 우리가 원하는 것을 얻기 위해 하나님을 조종하는 도구가 아니다. 오히려 기도는 하나님이 원하시는 것에 우리가 복종하게 하는 방법이다. 우리 삶에 결핍이 있을 때, 기도를 통해 오히려 하나님에게 가까이 나아갈 수 있다. 우리는 하나님이 선하시다고 믿는다. 우리는 우리와 모든 사람을 향한 하나님의 계획이 선하다고 믿는다. 그러므로 우리는 하나님이 계획하신 대로 행하시는 것을 환영한다.

이 책에 실린 몇몇 기도문은 부족해 보일 수도 있다. 소중한 이의 고통을 없애 달라고 하기보다 그 고통을 통해 하나님이 일하시기를 간구하는 기도문들이 특히 그렇다. 담대하지 못해서, 비전이 작아서 이렇게 기도할 수밖에 없다고 생각할 수도 있다. 그러나 우리가 적절한 크기와 올바른 초점을 가지고 기도한다는 것을 어떻게 확신할 수 있을까? 그것은 성경이 우리 기도를 빚어 가도록 할 때 가능한 일이다.

때때로 이 기도문들은 현세에서 기쁨을 달라고 간구하기보다는 다가올 삶에서 누릴 기쁨을 기대하는 데 더 집중하는 것처럼 보일 수 있다. 현대 기독교는 우리가 현재 누리는 기쁨에 집중하도록 많이 가르쳐 왔다. 그러나 성경은 일관되게 우리가 앞으로 맞이할 삶, 곧 부활의 날에 시작되는 하나님 앞에 서는 삶에 소망을 두라고 요청해 왔다. 성경은 우리가 그날을 간절히 바라도록 격려한다.

이 얇은 책이 우리가 진정으로 하고 싶은 일, 곧 기도가 필요한 소중한 이를 위해 신실하게 기도하는 데 쓰이기를 바란다. (나는 문장들을 최대한 쉽고 이해하기 쉽게 쓰려고 했다. 또 이 책을 읽고 기도하고 싶은 마음이 들게 하고 싶었다.) 이제 시작이다. 기도하자. 우리가 어떻게 기도할지, 무엇을 위해 기도할지를 성경이 만들어 갈 수 있도록 맡기자. 확신을 가지고 기도하자. 하나님이 우리에게 기도할 마음과 기도할 말씀을 주실 것이다. 성령께서 우리가 기도하는 것 이상으로 우리를 위하여 친히 간구하신다는 사실을 아는 위로를 주실 것이다. 믿음으로 기도하자. 하나님이 우리 기도를 기뻐하시고 우리 기도를 들으실 것이다. 하늘에 계신 우리 아버지께 기도하자. 하나님은 오늘 우리의 필요와 염려를 들고 나아오도록 초청하신다. 그리고 내일 다시 돌아와 도움 구하기를 기대하신다.

Part 1.

사랑하는 자여

하나님의
역사가 나타나기를
기도합니다

예수께서 대답하시되

이 사람이나 그 부모의 죄로 인한 것이 아니라

그에게서 하나님이 하시는 일을 나타내고자 하심이라

요한복음 9:3

예수님은 태어날 때부터 시각 장애인이었던 한 사람을 고치셨다. 이것을 본 제자들이 질문했다. "왜 저 사람에게 이런 일이 생긴 겁니까?" 우리도 고난당할 때 비슷한 질문을 하게 된다. 하지만 제자들은 여기에 한 가지를 더 예수님에게 물었다. "이 사람이 맹인으로 난 것이 누구의 죄로 인함이니이까, 자기니이까, 그의 부모니이까?"(요 9:2) 그들은 그 사람의 고통이 누군가의 죄 때문에 생긴 거라고 생각했다. 다만 죄를 지은 사람이 누구인지를 따져 묻고 싶었던 것이다.

제자들은 고통의 원인에 주목했다. 반면, 예수님은 원인이 아니라 목적에 주목하셨다. 예수님은 제자들의 시선을 과거에서 현재와 미래로 돌리고 싶으셨던 것이다. 제자들이 비난의 대상을 찾기보다 주님이 어떻게 영광을 드러내시는지에 집중하기를 원하신 것이다. 제자들의 관심은 온통 그가 시력을 잃은 이유를 찾는 데 쏟았지만, 예수님은 그 일에 담긴 하나님의 목적을 바라보게 하셨다. 이 일을 통해 하나님의 능력, 하나님의 일하심, 하나님의 영광이 그 사람의 삶에서 드러날 것이라고 하셨다. 사실 이것은 모든 신자의 삶에 두신 하나님의 목적이다.

우리는 기도 대상자의 삶에서 하나님의 일하심이 나타나도록 기도해야 한다. 어쩌면 하나님의 일하심이 그 사람의 삶에 초자연적인 치유의 형태로 나타날지도 모르기 때문이다. 주님이 한 시각 장애인의 삶에 치유의 기적을 일으키셨던 것처럼 말이다. 하나님의 일하심이 한 사람의 내면을 변화시키는 방식으로 일어날 수도 있다. 성령께서 그 사람의 성격, 관점, 대인 관계, 의견, 욕구 등을 변화시키는 방법으로 말이다.

사람들은 고통받는 신자들에게 주목한다. 그들은 예수님이 최악의 상황에 처한 신자들에게 어떤 변화를 일으키시는지 보기를 원하기 때문이다. 신자들이 고통을 바라보는 눈을 예수님이 바꾸어 주셨음을 그들이 알게 해달라고, 그들의 삶에 하나님의 일하심이 드러나게 해달라고 기도하자.

하나님, 우리는 하나님이 어떤 목적으로 _____의 삶에 고통을 두셨는지 모릅니다. 그러나 그 고통은 우연도 아니고 아무런 의미 없는 것도 아니라는 것을 믿습니다. 왜냐하면 그는 주님의 소유이기 때문입니다. 분명히 그의 고통에는 하나님의 목적이 있음을 믿습니다. 그러니 하나님, 목적하신 것을 이루시며, 지금도 일하시는 주님의 능력이 그의 삶에 나타나게 하옵소서. 오직 성령님만이 주실 수 있는 열매, 곧 사랑과 희락과 화평과 오래 참음과 자비와 양선과 충성과 온유와 절제의 열매가 _____의 삶에 열리기를 원합니다. 그리하여 그를 아는 모든 이가 성령님의 일하심을 보게 하옵소서. 하나님, _____의 삶에 기적을 일으켜 주셔서 그의 몸과 마음에 하나님의 초자연적인 일이 일어나고 있음을 모든 사람이 분명히 볼 수 있게 하옵소서.

✉️

당신을 위해 요한복음 9장 3절 말씀으로

기도합니다. 당신이 지금 겪고 있는 고통이 결코

무의미하지 않음을, 분명한 하나님의 목적이

있음을 당신이 느끼게 해달라고 간구합니다.

하나님이 당신의 삶에 일하고 계심을 주변에

있는 이들이 알아차리게 해달라고, 그래서 주님의

영광이 세상에 드러나게 해달라고 기도합니다.

#2

고통을 없애 주시길 기도합니다

너무 자만하지 않게 하시려고

내 육체에 가시 곧 사탄의 사자를 주셨으니

이는 나를 쳐서 너무 자만하지 않게 하려 하심이라

이것이 내게서 떠나가게 하기 위하여

내가 세 번 주께 간구하였더니

나에게 이르시기를 내 은혜가 네게 족하도다

이는 내 능력이 약한 데서 온전하여짐이라 하신지라

그러므로 도리어 크게 기뻐함으로

나의 여러 약한 것들에 대하여 자랑하리니

이는 그리스도의 능력이 내게 머물게 하려 함이라

고린도후서 12:7-9

고난에 처할 때마다 "왜?"라고 묻는 것은 당연한 일이다. 그런데 바울은 육체의 가시(그것이 무엇이든 간에) 때문에 끊임없이 고통을 겪을 때 "왜?"라고 묻지 않았다. 그는 이미 고통으로 가득한 자신의 삶에 하나님이 왜 이런 고통을 더하셨는지 정확히 알고 있었다.

그는 가시 속에서 자신을 죄로부터 보호하시는 하나님의 손길을 보았다. 그는 하늘의 영광을 바라보는 영적 체험을 한 사실을 떠올렸다. 그 경험은 영적인 자부심이 될 만한 놀라운 일이었다. 그 일을 통해 바울은 육체의 가시를 통해 교만이라는 더 큰 고통으로부터 자신을 보호해 주시는 하나님을 바라볼 수 있던 것이다.

바울은 육체의 가시를 통해 일하시는 하나님의 손길 외에 다른 손길도 있다는 것을 알게 되었다. 그것은 자신을 괴롭히는 "사탄의 사자"였다. 바울은 이미 고통으로 가득한 삶에 가시가 들어오도록 허락하신 하나님을 원망하고 싶은 유혹에 시달렸을 것이다. 사탄은 그 가시를 통해 믿음을 약하게 하고자 했지만,

하나님은 그 가시를 통해 믿음을 성장시키고자 하셨다, 하나님을 신뢰하도록 훈련시키려고 하신 것이다. 그런데 사탄은 그 가시를 통해 하나님을 원망하도록 끊임없이 유혹했다.

하나님이 그의 믿음을 위해 허락한 가시를 바울이 제거해 달라고 간청할 수밖에 없었던 것은 이런 이유 때문이었을 것이다. 그는 간청하고 또 간청하고 또 간청했다. 우리 중 대부분은 이런 바울의 심정을 이해할 수 있다. 우리는 하나님이 우리 삶에 있는 아픔과 고통을 사용하셔서 선한 일을 이루신다는 것을 안다. 그럼에도 여전히 우리는 그 아픔이 사라지기를 바란다.

바울은 육체의 가시를 빼 달라는, 자신이 드린 기도에 대한 예수님의 응답을 들었다. 그 대답은 바울이 듣고 싶었던 말은 아니었을 것이다. 바울의 거듭된 기도에 대한 예수님의 대답은 가시를 제거해 주시겠다는 것이 아니었다. 오히려 가시가 있는 삶을 견딜 수 있는 충분한 은혜를 주시겠다는 것이었다.

결과적으로 바울은 하나님의 신성한 능력을 경험

할 수 있었다. 그러나 그것은 가시가 제거되는 능력
이 아니라 가시를 계속 지니고 있는 능력이었다.

기도문

주님, ＿＿＿＿의 삶에 놓인 고통을 주님이 주관하신다는 사실을 알기에 무척 안심이 됩니다. 사탄은 이고통을 통해 그의 믿음을 연약하게 만들려고 할 것입니다. 그러나 주님이 이 고통을 통해 도리어 믿음을 강하게 하신다는 확신을 그에게 주소서. 그에게서 이 고통을 없애 주소서. 우리는 주님이 그렇게 하실 능력이 있음을 알고 있습니다. 그러나 주님에게 다른 계획이 있다면, 그에게 고통을 견딜 수 있는 은혜와 힘을 허락하소서.

✉️

당신을 위해 고린도후서 12장 7-9절 말씀으로

기도합니다. 하나님이 당신의 아픔과 고통이

사라지게 해주시기를 간구합니다. 하나님 안에서

평안을 누리게 해주시기를 기도합니다. 우리

삶에는 결코 없어지지 않을 고통이 있지만,

그 고통을 견딜 수 있는 은혜를 주시겠다고 하신

약속을 신뢰합니다. 그 약속을 주신 주님에게

감사 기도를 드립니다.

#3

이 시련을 통해
인내심을 키워 주시기를
기도합니다

또한 그로 말미암아 우리가 믿음으로 서 있는 이 은혜에

들어감을 얻었으며 하나님의 영광을 바라고 즐거워하느니라

다만 이뿐 아니라 우리가 환난 중에도 즐거워하나니

이는 환난은 인내를, 인내는 연단을, 연단은 소망을 이루는 줄

앎이로다 소망이 우리를 부끄럽게 하지 아니함은

우리에게 주신 성령으로 말미암아

하나님의 사랑이 우리 마음에 부은 바 됨이니

로마서 5:2-5

성경은 우리에게 장래의 소망을 붙잡으라고 끊임없이 이야기한다. 그 소망은 우리가 장차 누릴 눈부시게 빛나고 거룩한, 기쁨으로 충만한 하나님의 영광이다. 하지만 인생의 고통 한 가운데 있을 때에는 현실과 꿈꾸는 미래 사이의 간극이 너무나 크게 느껴지기도 한다.

로마서 5장에서 바울은 우리가 겪게 되는 어려움과 시련에 대해 다른 관점으로 생각하고 받아들일 수 있도록 도와준다. 그는 먼저 고난과 고통이 실제로는 삶의 귀중한 열매를 맺게 한다는 사실을 알려 준다. 그리고 그 과정을 통해 우리를 위해 준비하신 하나님의 것들을 온전하게 소망하도록 격려한다. 어려움과 시련에 좌절하거나 원망하는 대신 기뻐하고 행복해지기를 선택할 수 있도록 말이다. 이러한 기쁨은 매일 살아 낼 힘을 공급하시는 하나님을 인식할 때 솟아난다. 시험 앞에서도 인내하며, 낙망 가운데에서도 영원한 기쁨을 놓지 않으며, 우리에게 일용할 양식을 주시는 하나님이 내일 또한 지켜 주실 것이라는 확고한 신뢰와 믿음의 열매가 우리 안에서 성숙되어질 때

이 기쁨은 점점 자란다.

이렇게 우리가 고난 가운데에서도 포기하지 않을 때, 우리 삶 속에 또 다른 일이 일어난다는 사실을 알게 된다. 매사에 신경질적이고, 자신의 권리만을 주장하며, 이기적이고 자기중심적이던 모습이 달라지는 것을 보면서 성령께서 우리 내면을 실제로 변화시키고 계심을 깨닫는다. 우리의 순전한 믿음은 구원의 역사가 과거뿐만 아니라, 현재 우리 삶에도 이루어지고 있고, 결국 하나님은 죄로 가득한 이 세상에 사는 우리를 그분의 임재 안에 살도록 하실 것이라는 것을 더욱 신뢰하게 한다. 그리고 모든 소망을 그리스도께 둔 것을 결코 후회하지 않을 것을 확신하게 된다.

하나님, _____가 고난을 마주할 때, 그 일을 통해 성장시키시는 하나님을 기억할 수 있도록 도와주옵소서. 어려운 가운데 인내할 수 있도록 힘을 주시고, 더욱 하나님을 신뢰하고 사랑할 수 있도록 인도하여 주옵소서. 예수님을 닮은 성품을 주셔서 모든 사람이 _____를 통해 하나님의 아름다움을 보게 하시고, 주님을 향한 확신을 주사 그의 모든 소망을 주님에게 두었음을 절대로 후회하지 않게 하옵소서. 하나님을 소망하는 것, 하나님을 사랑하는 이들을 위해 예비하신 것들을 소망하는 것이 결코 헛되지 않다는 확신을 주옵소서.

✉️

당신을 위해 로마서 5장 2-5절 말씀으로
기도합니다. 오늘 하루 동안 겪는 문제와 시련을
통해 하나님이 당신에게 계획하신 성품들을
열매 맺게 해 주시기를 간구합니다. 이 길을 계속
나아가는 데 필요한 것들을 공급해 주시기를
기도합니다. 모든 소망을 주님에게 둔 것을
결코 후회하지 않으리라는 확신이 당신 안에
채워지기를 간구합니다.

하나님이
당신을 지켜 주시기를
기도합니다

여호와께서 모세에게 말씀하여 이르시되

아론과 그의 아들들에게 말하여 이르기를

너희는 이스라엘 자손을 위하여 이렇게 축복하여 이르되

여호와는 네게 복을 주시고 너를 지키시기를 원하며

여호와는 그의 얼굴을 네게 비추사 은혜 베푸시기를 원하며

여호와는 그 얼굴을 네게로 향하여 드사

평강 주시기를 원하노라 할지니라 하라

민수기 6:22-26

고통을 겪는 시간에 하나님이 우리에게서 등을 돌리신 것같이 매정하게 느껴진다. 마치 그 선하심을 모두 거두신 것처럼 말이다. 하지만 하나님은 모세를 통해 광야에서 방황하는 그 백성에게 복을 주시겠다고 선포하셨다. 하나님은 우리를 결코 버리지 않으시는 분이며 자기 백성에 대해 확고한 입장을 가지고 계신다. 그분은 자신의 백성을 향해 결코 변치 않는 태도를 보이신다. 그렇다. 하나님은 우리에게 복을 주시며 은혜를 베풀고 평강을 주기 원하시는 분이다.

하나님은 자기 백성에게 복을 주신다. 그리고 친히 역사하셔서 이 사실을 확실히 믿도록 하신다. 하나님은 모든 복의 근원이시며, 우리 삶의 세세한 부분까지 친히 개입하시려는 분명한 의지를 가지고 계신다. 하나님이 우리를 향해 가지고 계신 생각은 우리가 누군가를 위해 기도할 때 품게 되는 마음과 같다. 그렇다면 복을 받는다는 것은 어떤 의미일까? 우리는 저주로 인해 완전히 망가진 세상에 살고 있다. 그래서 이 세상에서는 확실히 "복"이라고 느낄 만한 상황을 많이 경험하지 못한다. 복은 단순히 하나님으로 말미암아 우리가 얻게 되는 좋은 것들을 의미하는 것이 아니다. 하나님이 주시는 복의 본질은 그분을 더욱 많이 얻게 되는 것이다.

우리가 어떤 사람을 위해 복을 달라고 기도하는 것은, 그가 하나님 안에서 깊이 만족하게 해 달라고 구하는 것이다. 우리는 그렇게 그가 하나님 안에서 안식을 찾게 되기를 기도하며, 어떤 상황에서도 흔들리지 않고 그를 향해 미소 짓고 계신 하나님을 느끼게 해달라고 기도하는 것이다.

하나님이 우리를 보실 때, 그리스도 안에 있는 우리의 모습으로 보신다. 하나님에게는 우리가 잘했는지 잘못했는지는 중요하지 않다. 그분에게는 그리스도께서 우리를 위해 대신 행하신 일이 중요하다. 진정한 의미에서 복을 구하는 것은 이런 것이다. 그가 하나님이 아낌없이 은혜와 선을 베푸시는 분임을 알아, 그 안에서 날마다 평안을 누리게 해 달라고 구하는 것이다. 하나님의 확고한 뜻은 그분을 향해 나아오는 이들에게 그분의 자비로운 선물, 즉 은혜를 보여 주시는 것이다. 이렇게 하나님은 우리 마음이 흔들릴 때에도 그분의 보살핌 아래 우리를 안전하게 지켜 주신다.

기도문

하나님은 모든 복의 근원이시며, 주의 백성에게 복 주시기를 기뻐하는 분임을 우리는 잘 알고 있습니다. 그렇기에 _____에게도 주의 말씀대로 복 주시기를 기도합니다. 그가 하나님의 선하심을 맛보아 알게 하시고, 그 사랑 안에서 안전할 수 있도록 지켜 보호하여 주옵소서. 우리를 바라보며 기뻐하시는 아버지의 미소를 느끼게 하시고, 은혜와 자비의 눈길로 지켜 주옵소서. _____의 마음이 오직 하나님만이 주실 수 있는 평안으로 가득하게 해주시기를 간절히 기도합니다.

✉

당신을 위해 민수기 6장 22-26절 말씀으로

기도합니다. 당신에게 복을 주시고 당신을

지키시기로 약속하신 주의 뜻을 온전하게

이루어 주시기를 간구합니다. 하나님이 언제나

함께하심을 깨닫게 되기를, 그분의 충만한 은혜가

부어지기를 기도합니다. 모든 것을 뛰어넘는

평안이 당신에게 임하기를 간구합니다.

당신은 하나님의 복을 받은 사람입니다.

그러므로 복받은 사람답게 오늘을 살아갈 수 있는

은혜가 있기를 기도합니다.

#5

고난을
두려워하지 않기를
기도합니다

할렐루야, 여호와를 경외하며

그의 계명을 크게 즐거워하는 자는 복이 있도다

그는 흉한 소문을 두려워하지 아니함이여

여호와를 의뢰하고 그의 마음을 굳게 정하였도다

시편112:1, 7

우리에게 안 좋은 소식이 연거푸 들려올 때가 있다. 의사나 회계사 혹은 상담사나 가족이 나쁜 소식을 계속 들려주면 어느 순간 더 이상 그런 일을 겪지 않으려고 대책을 세우고 있는 자신을 발견하게 된다. 대부분의 사람이 자신의 인생을 아직 일어나지 않은 미래의 나쁜 일을 대비하느라 다 써 버리곤 한다.

나는 우리가 기도하는 소중한 사람들이 이런 삶의 태도를 가지지 않기를 기도한다. 근심과 걱정으로 삶을 채워 가는 대신 시편 112편에서 말하고 있는 기쁨을 누리기를 간절히 소망한다. 이 시편에서는 복음에 소망을 두는 삶, 믿음으로 그리스도의 의를 받아들이는 사람들의 삶의 모습이 어떠한지를 보여 준다. 이들은 주님에게 순종하는 데서 기쁨을 얻는다. 하나님이 항상 돌보아 주신다는 것을 신뢰하기에 두려움에 사로잡히지도 않는다. 다음에 어떤 일이 벌어질지, 또 다른 어려움이 닥치진 않을지 염려하지 않는다. 바로 이런 사람들이 시편 112편에서 말하는, 나쁜 소식을 두려워하지 않는 이들이다.

우리가 기도하는 이들의 삶에 불안과 염려가 아닌

평안이 가득하기를, 하나님이 그들을 헌신적으로 돌보고 있다는 사실을 더욱 신뢰하게 되기를 간절히 소망한다. 우리 모두가 하나님의 손 안에 있을 때가 가장 안전하다는 확신을 가지고 평안을 누리기를 소망한다.

시편 112편은 계속되는 불안에 우리가 어떻게 대응해야 하는지를 보여 준다. 그것은 단순히 문제가 해결되기를 바라는 것이 아니라 하나님을 신뢰하는 자세를 갖는 것이다. 하나님은 자기 백성을 사랑하시고 그들에게 복을 주시는 분이다. 이 고백이 영혼 깊은 곳에서 터져 나올 때, 우리는 두려움 대신 기쁨으로 삶의 태도를 만들어 갈 수 있게 된다. 나쁜 일이 다가 올 것에 대해 두려워하고 전전긍긍하는 것이 아니라, 우리의 유익과 그분의 영광을 위해 일하시는 하나님을 신뢰하고, 우리에게 행하실 일을 기대하는 마음으로 매일을 살게 된다.

기도문

하나님, ＿＿＿의 마음과 생각 속에 깊이 뿌리내리고 있는 나쁜 일에 대한 두려움을 주님을 향한 경외와 신뢰, 그리고 소망으로 바꿔 주시기를 기도합니다. 주를 경외함으로 누리는 기쁨과 주님에게 순종함으로 얻는 즐거움을 그의 영혼에 채워 주옵소서. 하나님이 ＿＿＿를 위해 일하고 계신다는 강한 확신을 주시고, 오늘 직면하는 문제들로 분노가 일어나지 않게 하시고, 미래의 일로 인한 두려움에서 벗어나게 하옵소서.

당신을 위해 시편 112편 1, 7절 말씀으로 기도합니다. 하나님을 경외하는 이들에게 참된 기쁨을 주시고, 어떤 일에도 두려워하지 않게 하시는 하나님을 찬양합니다. 하나님이 이 기쁨을 당신에게 가득히 부어 주시기를 간구합니다.

6

강건하고
흔들리지 않게 해주시기를
기도합니다

그러므로 내 사랑하는형제들아

견실하며 흔들리지 말고

항상 주의 일에 더욱 힘쓰는 자들이 되라

이는 너희 수고가 주 안에서 헛되지 않은 줄 앎이라

고린도전서 15:58

기독교의 핵심은 이 땅에서 최상의 삶을 누리는 것에 있지 않다. 그렇다고 우리에게 소망이 그저 죽어서 가는 천국에만 있는 것도 아니다. 성경이 끊임없이 강조하는, 기독교가 추구해야 할 본질은 바로 부활의 약속에 소망을 두는 것이다. 실제로 바울은 "그리스도께서 만일 다시 살아나지 못하셨으면 … 너희 믿음도 헛것이며 … 만일 죽은 자가 다시 살아나는 일이 없으면 그리스도도 다시 살아나신 일이 없었을 터이요 … 만일 그리스도 안에서 우리가 바라는 것이 다만 이 세상의 삶뿐이면 모든 사람 가운데 우리가 더욱 불쌍한 자"(고전 15:14, 16, 19)라고 말했다.

그리스도께서 다시 오시는 날, 무덤 속에 잠들어 있는 육신을 깨우시고, 영과 다시 합하게 하실 그날을 우리는 기다린다. 하지만 미래의 어느 날에 이루어질 모르며, 이러한 부활은 아득하고 멀게만 느껴진다. 그럼에도 이 부활에 대한 소망을 키우는 것이 지금 당장 우리에게 닥친 어려움을 대하는 자세에 어떤 변화를 가져올 수 있을까?

바울은 고린도전서 15장 끝에서 바로 이 변화에 대해 이야기한다. 부활에 대한 굳은 확신은 성도들의 삶에 변화를 가져온다. 이 확신은 우리를 강하고 견고하게 만들어 준다. 우리가 소명을 다 이룰 때까지 계속 나아가게 한다. 흔들리지 않게 하며 균형을 잃거나 쓰러지지 않게 한다. 부활의 확신으로 우리 마음에 하나님의 말씀이 깊이 뿌리내리게 되고, 헛된 생각은 자리잡지 못하게 된다. 우리 삶에 어려움, 질병, 재정의 압박, 인간 관계에서의 갈등, 사랑하는 사람의 죽음과 같은 거친 바람이 불어도 항로를 이탈하지 않게 된다. 우리는 무엇이 진리인지, 무엇을 신뢰할 수 있는지, 무엇이 영원한 것인지에 대해 명확하고 단호한 태도를 유지할 수 있다. 우리가 믿는 그리스도께서 모든 것, 심지어 죽음까지도 다스리시는 분임을 끝까지 확신하게 된다.

부활의 약속은 우리가 갈망하는 모든 것을 이 세상에서 얻으려고 발버둥치지 않게 해준다. 그리고 결국 우리 시선을 다가올 부활의 삶으로 향하게 한다. 주님을 사랑하고, 그분의 약속을 즐거워하고, 그분을

찬양하고, 그날이 올 것을 신실하게 믿음으로, 굳게
서서 흔들리지 않는 삶을 살도록 해준다.

하나님, ＿＿＿에게 예수님이 부활하셨고, 모든 성도가 부활하리라는 확고한 믿음을 주옵소서. 부활의 소망으로 굳건하고 흔들리지 않는 자녀로 살아가도록 인도하여 주옵소서. 모든 소망을 주님에게 두고 살아가는 인생이 되게 하여 주옵소서.

✉

당신을 위해 고린도전서 15장 58절 말씀으로 기도합니다. 하나님이 당신 안에 부활의 소망을 심어 주시기를 간구합니다. 이 소망은 하나님을 향한 사랑과 충성이 단단하고 흔들림이 없게 하기 때문입니다. 당신이 영원한 가치를 지닌 사랑과 충성의 마음으로 주님을 기쁘게 섬길 수 있기를 기도합니다.

7

예수님의 고난에 동참하고 예수님과 교제하기를 기도합니다

내가 그리스도와 그 부활의 권능과

그 고난에 참여함을 알고자 하여

그의 죽으심을 본받아 어떻게 해서든지

죽은 자 가운데서 부활에 이르려 하노니

빌립보서 3:10-11

고난의 한 가운데에 있을 때 우리는 함께하고 싶은 '안전한' 사람을 찾게 된다. 우리가 겪는 고통과 비슷한 일을 겪고 있거나, 그 고통을 먼저 경험해 본 사람 말이다. 먼발치에서 거리를 두고 있는 사람이 아니라 우리가 당하는 고통을 경험으로 아는 그런 사람, 우리는 그 곁에 있을 때 큰 위안을 얻는다.

우리는 고난을 통해 예수님이 우리가 의지하고 가까이 할 안전한 분이라는 사실을 알게 된다. 예수님은 우리를 진실로 이해하신다. 그리고 우리의 고통을 모두 받아들이시는 분이다. 겟세마네 동산에 가신 예수님은 베드로와 야고보, 요한에게 이렇게 말씀하셨다. "내 마음이 매우 고민하여 죽게 되었으니 너희는 여기 머물러 나와 함께 깨어 있으라."(마 26:38, 막 14:34) 예수님은 아주 큰 슬픔이 생명까지 짓누를 만큼 고통스럽다는 것을 진심으로 아신다. 구토가 나올 것 같은 통증을, 심장을 사정없이 조여 오는 압박감을, 목이 콱 막힌 듯한 그 답답함을 예수님은 진실로 이해하신다. 예수님 또한 슬픔의 고통이 신체적 고통까지 가져오는 일을 실제로 겪으셨다. 예수님은 아버지께 고통의 잔을 거두어 달라고, 땀이 물처럼 흘러내리듯 기도하셨다. 고통에서 구원해 주시기를 간구하는 필사적인 기도가 어떤 몸부림인지 예수님은 다 아신다. 심지어 간절한 기도에 "안 된다"라고 답하시는 하나님을 마주하는 것이 어떤 기분인지, 저 멀리 떨어져 침묵하고 계시는 것처럼 보이는 하나님을 경험하는 것이 어떤 기분인지 예수님은 직접 겪으셔서 아신다.

우리는 막연히 예수님과 더 가까워지고 싶다고 말한다. 그렇다고 예수님과의 친밀감을 느끼기 위해 나에게 가까이 다가오는 고통을 선뜻 받아들이는 사람이 과연 있을까? 하지만 생각해 보라. 만약 우리가 그어떤 고통도 맛보지 않는다면 도대체 어떻게 고난받으신 구세주와 친밀해질 수 있겠는가?

하나님, 고난 가운데 있는 _____를 주님이 가까이 이끌어 주옵소서. 고통의 시간 속에서 하나님과 교제하는 기쁨이 어떤 것인지 알게 하옵소서. 감당할 수 없는 슬픔과 고통, 바라던 것과 다르게 응답되어 가는 것에 대한 두려움 가운데, 그 모든 것을 이해하시고 아시는 주님과 친밀하게 동행하도록 도와주옵소서.

당신을 위해 빌립보서 3장 10-11절 말씀으로 기도합니다. 당신이 예수님의 고난에 참여함으로 얻을 수 있는 그분과의 친밀한 교제를 경험할 수 있기를 간구합니다. 예수님의 고난에 동참한 것처럼, 예수님의 부활에도 함께 참여하게 될 것이라는 확신이 당신 안에 채워지기를 기도합니다.

8

당신의 삶에
열매를 맺게 해주시기를
기도합니다

나는 참 포도나무요 내 아버지는 농부라

무릇 내게 붙어 있어 열매를 맺지 아니하는 가지는

아버지께서 그것을 제거해 버리시고

무릇 열매를 맺는 가지는 더 열매를 맺게 하려 하여

그것을 깨끗하게 하시느니라

요한복음 15:1-2

하나님은 정원을 가꾸는 일에 진심이시다. 그분은 지금 이 순간에도 풍성한 열매를 맺게 하기 위해 정원 구석 구석을 정성스레 다듬고 계신다. 요한복음 15장 말씀에서 하나님은 가지치기를 하신다고 이야기하신다. 그분은 정원을 가꾸시기 위해 열매를 맺지 않는 가지들은 잘라 내신다고 말씀하신다. 다시 말해, 생명을 맺지 못하는 가지처럼 하나님에게 접붙임 되지 않은 사람들, 영적으로 죽어 있는 사람들은 생명의 근원인 하나님으로부터 가차 없이 잘려져 나갈 수 있다는 말이다.

또 한 가지 주목해야 할 것은 영적으로 살아 있는 사람들도 하나님이 가위로 손을 보실 때가 있다는 점이다. 하나님은 우리 성장을 방해하고, 성령의 열매를 맺지 못하게 하는 모든 것을 가차 없이 잘라 내신다. 우리에게 향하신 하나님의 뜻이 이뤄지는 것을 방해하는 모든 요소 말이다.

이러한 가지치기는 우리가 아끼고 소중하게 여기는 것들을 뭉텅이로 잘라 내는 것처럼 보일 때가 있다. 그럴 때 이 하나님의 손길은 매우 혹독하고 공평

하지 않게 느껴진다. 우리를 이렇게 대하시는 것이 부당하게 느껴지기도 한다. 하지만 가지치기는 우리를 고통스럽게 하기 위함이 아니다. 더 풍성한 열매를 맺게 하기 위한 손길이다. 하나님이 우리 삶에 개입하시고 다듬어 가시는 것은 결국 우리가 열매 맺고 또 풍성히 맺는 가지로 성장하기 위해 꼭 필요한 과정이다.

가지치기를 한 나무는 앙상해져서 한동안 볼품 없어 보인다. 어떻게 보면 정원사의 손길이 무자비하게 보이고, 필요 이상으로 너무 많이 잘라 낸 것은 아닌지 의문이 생기기도 한다. 그러나 계절이 바뀌면 알게 될 것이다. 가지치기를 통해 전혀 다른 모습으로 성장해 가는 우리를, 그 안에 아름다움을 창조해 가시고, 손상된 것처럼 보이는 그곳에 생명을 꽃피우시는 하나님을 보게 될 것이다.

정원 돌보기를 쉬지 않으시는 하나님은 우리가 제멋대로 자라도록 결코 내버려 두지 않으신다. 하나님은 우리가 더 많은 열매를 맺을 수 있도록 가지치기를 하신다. 이것이 우리 각 사람을 향한 확실한 진리

다. 우리 삶과 우리가 기도하는 이들의 삶에 그분의
뜻하신 열매를 맺을 수 있도록 기도하자.

하나님, _____의 삶을 다듬고 계시는 지금, 하나님
이 무정하게 느껴질 때가 있습니다. 가지치기로 가
지들이 잘려 나가는 것은 너무나 고통스럽습니다.
우리 삶의 정원사 되시는 하나님을 _____가 신뢰하
게 하옵소서. 하나님은 무엇을 가지치기해야 하는
지, 언제, 그리고 얼마나 다듬어야 하는지 정확하게
아십니다. 삶을 다듬고 계시는 하나님의 손길에 목
적이 있음을 볼 수 있게 하시고, 아름다운 열매를 맺
게 하시려는 하나님의 뜻을 알게 하옵소서. 참 포도
나무이신 예수님에게 굳건하게 붙어 있게 하옵소서.

✉

당신을 위해 요한복음 15장 1-2절 말씀으로

기도합니다. 하나님이 당신의 삶을 만들어 가시는

손길이 고통스러울지라도 참 포도나무이신

예수님에게 꼭 붙어 있기를 기도합니다.

가지치기하시는 하나님의 세심하고 따뜻한

손길을 통해 삶의 열매가 풍성히 맺히기를 간절히

기도합니다.

모든 것이 합력하여 선을 이루어 주시기를 기도합니다

우리가 알거니와 하나님을 사랑하는 자

곧 그의 뜻대로 부르심을 입은 자들에게는

모든 것이 합력하여 선을 이루느니라

하나님이 미리 아신 자들을 또한

그 아들의 형상을 본받게 하기 위하여 미리 정하셨으니

이는 그로 많은 형제 중에서 맏아들이 되게 하려 하심이니라

로마서 8:28-29

사실 로마서 8장 28절은 우리가 어려운 순간이나 그리 순조롭지 못한 환경에 있을 때 주로 인용된다. 그래서 이 말씀이 필요한 상황을 우리는 그다지 좋아하지 않는다. 하나님은 우리 삶에 선을 이루어 가실 것이기 때문에 나쁘게 흘러가는 상황에서도 행복하라는 강요처럼 느껴지기 때문이다.

또 어떤 사람은 나쁜 일이 일어났을 때 그 일이 지나면, 곧 좋은 일이 일어날 거라는 기대를 갖는다. 그러면서 그 좋은 일로 하여금 그간 받았던 고통이 가치 있었는지를 판단하려고 애쓴다. 그러나 우리 모두는 로마서 8장 28절 말씀에 집중해야 한다. 이 구절은 우리가 그리스도 안에 있다면 지금 일어나는 일들이 그냥 생긴 것이 아니며, 모두 하나님의 계획 안에 있다는 것을 말해 준다. 고통에는 목적이 있다. 우리 삶에서 겪는 어려움에는 반드시 그분이 뜻하신 바가 있다.

어쩌면 우리는 로마서 8장 28절에 나오는 "모든 것"이라는 말 때문에 이 말씀을 쉽게 받아들이지 못하는 것일 수도 있다. 이는 어떠한 상황도 예외가 없다는 뜻이기 때문이다. 하지만 이 말씀대로 하나님은 우리가 상상할 수 없는 최악의 것들까지도 우리의 궁극적인 선을 위해 사용하신다.

우리는 하나님이 말씀하시는 그 '선'이 무엇인지 알아 내려고 애쓸 필요가 없다. 바울은 그것이 무엇인지 다음 구절에서 말해 준다. 재앙같이 느껴지는 삶의 고난과 상처를 통해서라도 우리가 하나님의 아들, 예수 그리스도를 닮아 가도록 하신다는 것, 이것이 바로 하나님의 선하신 목적이다. 그분은 우리가 경험하고, 마주하게 되고, 인내해야 하는 모든 과정 가운데 함께하셔서 우리를 예수 그리스도를 닮은 그분의 가족, 하나님의 자녀로 만들어 가신다.

우리를 향한 하나님의 목적을 기쁨으로 받아들이기 위해서는 편안한 삶에 대한 욕망을 내려놓아야 한다. 이러한 과정은 우리가 하나님의 마음을 품도록 도와주며, 비록 고통이 따르더라도 합력하여 이루어 가실 하나님의 뜻을 신뢰하게 해준다.

하나님, 주께서 이루어 가시는 것이 아니라면 그 어떤 것도 의미 없음을 고백합니다. _____ 가 하나님의 소유된 백성이기에 모든 것이 합력하여 선을 이루게 될 것이라는, 깊고 근본적인 확신을 갖게 하옵소서. 이해할 수 없는 고통까지도 사용하사 하나님의 선한 일을 이루실 것을 믿습니다. _____를 당신의 아들, 예수 그리스도의 형상으로 빚어 주옵소서.

당신을 위해 로마서 8장 28-29절 말씀으로 기도합니다. 삶에서 만나는 모든 일, 고난과 역경까지도 합력하여 선을 이루어 주시기를 하나님에게 간구합니다. 매일의 삶 가운데 당신을 예수 그리스도의 형상과 더 닮은 모습으로 만들어 가시려는 하나님의 그 선한 목적이 이루어지기를 간절히 기도합니다.

몸의 건강과
영의 강건함을 위해
기도합니다

장로인 나는 사랑하는 가이오

곧 내가 참으로 사랑하는 자에게 편지하노라

사랑하는 자여 네 영혼이 잘됨 같이

네가 범사에 잘되고 강건하기를 내가 간구하노라

형제들이 와서 네게 있는 진리를 증언하되

네가 진리 안에서 행한다 하니 내가 심히 기뻐하노라

내가 내 자녀들이 진리 안에서 행한다 함을 듣는 것보다

더 기쁜 일이 없도다

요한삼서 1:1-4

사도 요한은 요한삼서에 그의 사랑하는 영적 자녀 가이오에게 전한 개인적인 편지 내용을 담았다. 요한은 가이오와 함께했던 누군가로부터 가이오가 성령 안에서 강건히 잘 지낸다는 소식을 전해 들었다. 요한은 가이오가 복음의 진리를 삶으로 직접 살아 내며 그리스도인의 온전함을 지키고 있다는 소식을 듣고 얼마나 기뻤는지 그 마음을 편지에 적었다. 더불어 가이오의 영적 건강만큼 신체적 건강 또한 강건하기를 바라며 하나님에게 기도하고 있다고 말했다.

　요한이 가이오를 깊이 사랑하는 만큼 그를 위해 끊임없이 간구했다는 사실은 우리가 기도를 이해하는 데 도움이 된다. 사람은 영과 육으로 이루어진 존재이기에 누군가를 사랑한다는 것은 그를 위해 영혼뿐만 아니라 육체, 곧 몸을 위해 기도한다는 것을 의미한다. 하지만 우리는 이 둘 사이에서 균형을 잃을 때가 있다. 사실 건강 문제와 관련하여 서로 안부를 묻는 일은 매우 자연스럽다. 육체의 질병과 아픔에 대해 나누고 이를 위해 함께 기도하는 것은 너무나 당연하게 여기기 때문이다. 하지만 영적인 건강에 대해

서는 서로 잘 묻지 않는다. 사적인 일이라고 생각해서 상대방을 곤란하게 만들고 싶지 않은 것이다. 절망에 빠져 있을 때, 기도를 하지 못할 정도로 두려움 가운데 있을 때, 우리는 누군가에게 기도해 달라고 요청하지 않는다. 차라리 신체적인 문제나 피상적인 것에 대한 기도 요청을 하는 것이 낫다고 생각한다.

하지만 우리가 고통받는 사람의 신실한 친구가 되고자 한다면, 몸의 건강뿐만 아니라, 마음의 건강을 위해서도 기도할 수 있어야 한다. 지극히 개인적인 질문 같아서 관심을 갖지 못하던 그들의 영혼의 상태에 대해서도 기도할 수 있어야 한다. "저는 당신의 건강을 위해 기도하고 있습니다. 영적인 건강을 위해서는 어떻게 기도해 드릴까요?" 이렇게 먼저 손을 내밀어 보는 건 어떨까?

기도문

하나님이 우리 몸과 영혼 모두를 보살펴 주심에 감사드립니다. 우리 육신은 이 세상의 질병과 아픔에 무척이나 취약합니다. 영혼 또한 마찬가지입니다. 참된 치료자이신 주님이 _____의 건강을 지켜 주시고, 삶의 생기를 불어넣어 주시기를 간구합니다. 혹시 _____의 몸에 치유의 손길이 필요한 부분이 있다면, 그 질병을 하나님에게 맡기도록 하시고, 주의 영광과 기쁨을 위해 몸과 영혼을 치유해 주옵소서.

✉

당신을 위해 요한삼서 1장 1-4절 말씀으로 기도합니다. 하나님이 당신에게 영과 육의 강건함을 허락하시기를, 복음의 진리를 삶에서 실천할 때 주어지는 강건함을 누릴 수 있기를 기도합니다.

Part 2

범사에 잘되고

불안하거나
염려하지 않기를
기도합니다

또 너희 중에 누가 염려함으로

그 키를 한 자라도 더할 수 있느냐

그런즉 가장 작은 일도 하지 못하면서

어찌 다른 일들을 염려하느냐

이 모든 것은 세상 백성들이 구하는 것이라

너희 아버지께서는 이런 것이 너희에게 있어야 할 것을

아시느니라 다만 너희는 그의 나라를 구하라

그리하면 이런 것들을 너희에게 더하시리라

누가복음 12:25-26, 30-31

예수님이 제자들에게 이러한 질문을 하신 이유는 제자들의 마음속에 그들이 살아가는 데 필요한 음식과 옷 등에 대한 염려로 가득 차 있다는 것을 아셨기 때문이다. 지금을 사는 우리도 마찬가지다. 내 앞에 감당하기 힘든 문제와 그것을 해결하기에 턱없이 부족한 힘과 능력, 매달 날아오는 청구서에 허덕이는 재정 문제의 압박, 미친 듯이 바쁘게 살아도 부족한 시간은 우리를 염려와 불안 속에 가둔다.

예수님은 이러한 우리에게 물으신다. '염려하는 것'이 우리 삶을 조금이라도 충만하게 할 수 있는지를 말이다. 우리는 이 질문에 대한 정답을 이미 잘 알고 있다. 걱정하며 불안해 하는 데 쓰는 에너지가 평안을 빼앗아 가는 주범이라는 것을, 누구도 염려를 통해 삶을 단 한 시간도 더할 능력이 없다는 것을 말이다.

우리는 늘 염려하고 불안해하는 유혹에 빠진다. 그러나 우리에게는 우리의 필요를 아시며 그 모든 것을 공급하시는 하늘 아버지가 계신다. 이 사실을 늘 기억하는 것은 걱정하는 삶의 태도를 변화시켜 가는 데 도움이 된다. 우리는 미래를 두려워하며 염려하는 대신, 마음속에 떠오르는 온갖 걱정을 기도로 바꿀 수 있다. 그렇게 할 때 우리는 하나님에 대한 신뢰와 평안을 경험하기 시작할 것이다.

기도문

하나님, 우리는 매우 쉽게 염려합니다. ＿＿＿을 도우사 그를 힘들게 하는 모든 걱정과 불안을 기도로 올려드리게 하여 주옵소서. 근심으로 밤을 지새우며 걱정을 반복하지 않도록 도와주시고, 모든 필요를 아시고 채우시며 공급하시는 사랑의 하나님으로 인해 평안하게 하옵소서. 매 순간 이러한 확신으로 살아가도록 그를 도우시기를 간절히 기도합니다.

✉

당신을 위해 누가복음 12장 25-26, 30-31절 말씀으로 기도합니다. 하나님이 당신의 모든 필요를 아시고, 그 모든 것을 공급해 주실 것이라는 확신을 가지고, 날마다 아버지의 평안 안에 거하기를, 그리하여 더 이상 염려하지 않기를 기도합니다.

시련을 기쁨으로
바꾸시기를 기도합니다

내 형제들아 너희가 여러 가지 시험을 당하거든

온전히 기쁘게 여기라 이는 너희 믿음의 시련이

인내를 만들어 내는 줄 너희가 앎이라

인내를 온전히 이루라

이는 너희로 온전하고 구비하여

조금도 부족함이 없게 하려 함이라

야고보서 1:2-4

"고난을 만나면 기뻐할 기회로 삼으십시오!" 이 말은 상식에 완전히 어긋난다. 문제가 생기면 우리는 오히려 불평하게 되고, 하나님을 의심하거나, 자기 연민에 빠지기 때문이다. 어떤 경우에는 고난을 만나면 극복할 기회가 생긴 것이라고 여기고 해결하려고 애쓰기도 한다. 하지만 야고보는 다르게 생각하라고 말한다. 시험을 만날 때 이전과 다르게 받아들일 수 있도록 인식을 바꿔야 한다는 것이다.

우리는 고난 가운데에서도 기뻐할 수 있다. 어려움 속에서 인내함으로 얻게 될 내면의 성숙과 유익을 생각할 때, 큰 기쁨을 누릴 수 있다. 우리 내면의 영적인 성장은 어떤 안락함이나 편안함, 혹은 학습된 성경 지식으로 얻어지는 것이 아니다. 하나님이 지금 우리에게 일어나고 있는 일을 통해 우리를 더 깊고, 더 강하게 만들어 가신다는 믿음, 그분만을 의지하는 사람으로 더욱 빚어 가시기로 작정하셨다는 그 신뢰가 바로 시험과 고난 가운데에서도 기쁨을 놓지 않을 힘이 된다.

우리는 시험과 고난을 통해 하나님에게 믿음을 보

일 기회를 얻는다. 하나님은 믿음이 시험대에 올려진 그 시간 동안 우리가 인내하기를 원하신다. 인내는 하나님만을 신뢰하고 그분 안에서 위로를 얻으며, 안식을 누리기로 마음을 정한다는 의미다. 그렇게 인내하는 시간을 통해 우리는 한층 더 성장하고 있는 자신을 발견하게 된다. 지금 우리는 하나님 안으로 더 깊게 믿음의 뿌리를 내리고 있는 중이다. 그리고 어떤 역경과 고난이 와도 흔들리지 않는 견고한 믿음을 가진 사람만이 누리게 될 기쁨을 맛볼 것이다.

하나님, _____에게 고난의 문제를 다르게 볼 수 있는 능력을 주옵소서. 고난이 장차 기쁨을 시험할 기회가 되게 하시고, 믿음의 시험을 통과하는 시간이 인내를 키우는 기회가 되게 하옵소서. 하나님만으로 만족하여 다른 어떤 것도 필요 없는 사람이 되게 하여 주옵소서.

✉

당신을 위해 야고보서 1장 2-4절 말씀으로

기도합니다. 당신이 인생에서 만나는 고난이

기쁨을 경험할 기회가 되기를 기도합니다. 이 말은

매우 이상하게 들릴 것입니다. 당신이 이 비밀을

알게 되기를 원합니다. 고난을 통해 하나님이

당신의 인내를 키우시고, 하나님이 원하시는

성숙한 자녀로 빚어 가고 계신 것을 신뢰하고

느낄 수 있기를 기도합니다. 이것이 시험 속에서도

기쁨을 소유할 수 있는 비결이기 때문입니다.

하나님의 뜻을
신뢰할 수 있기를
기도합니다

사드락과 메삭과 아벳느고가 왕에게 대답하여 이르되

느부갓네살이여 우리가 이 일에 대하여 왕에게 대답할 필요가

없나이다 왕이여 우리가 섬기는 하나님이 계시다면

우리를 맹렬히 타는 풀무불 가운데에서 능히 건져 내시겠고

왕의 손에서도 건져 내시리이다

그렇게 하지 아니하실지라도 왕이여

우리가 왕의 신들을 섬기지도 아니하고

왕이 세우신 금 신상에게 절하지도 아니할 줄을 아옵소서

다니엘 3:16-18

느부갓네살 왕이 세운 90피트(약 27미터) 높이의 금 신상을 바치기 위해 수천 명의 바벨론 왕국 사람들이 모인 모습은, 믿기 힘든 광경이었을 것이다. 그 자리에 모인 사람들 모두 명령에 따라 금 신상에 절을 했다. 그러나 얼굴을 땅에 묻고 절하는 무리 가운데 단 세 사람만이 그 명령을 거부하고 꿋꿋이 서 있었다. 다니엘의 세 친구, 사드락, 메삭, 아벳느고는 절하지 않으면 맹렬히 불타오르는 풀무불에 들어가 죽을 수도 있는 상황이었다. 이 사실을 알고 있는데도 이들은 왕의 명령을 따르지 않았다. 왕은 이들에게 마지막 기회를 주었다. "이제라도 … 내가 만든 신상 앞에 엎드려 절하면 좋거니와 너희가 만일 절하지 아니하면 즉시 너희를 맹렬히 타는 풀무불 가운데에 던져 넣을 것이니 능히 너희를 내 손에서 건져 낼 신이 누구이겠느냐?"(다니엘서 3:15)

사드락, 메삭, 아벳느고는 하나님이 그들을 구원하실 것을 알고 있었다. 하지만 지금 상황에서 자신들을 구해 주시는 것이 하나님의 계획인지는 알 수 없었다. 확실치 않은 이 상황에서 그들이 죽음의 불길에 맞설 수 있었던 이유는 무엇이었을까? 그것은 하나님이 자신들을 영원히 지속될 그 나라로 인도하실 것이라는 확신과, 궁극적으로는 부활에 대한 믿음 때문이었다.

다니엘서 마지막 부분에 천사 미가엘은 다니엘에게 이렇게 말한다. "그때에 네 백성 중 책에 기록된 모든 자가 구원을 받을 것이라 땅의 티끌 가운데에서 자는 자 중에서 많은 사람이 깨어나 영생을 받는 자도 있겠고 수치를 당하여서 영원히 부끄러움을 당할 자도 있을 것이며 지혜 있는 자는 궁창의 빛과 같이 빛날 것이요 많은 사람을 옳은 데로 돌아오게 한 자는 별과 같이 영원토록 빛나리라."(다니엘 12:1-3) 이 미래에 대한 확신은 그들의 마음을 용기로 가득 채웠고, 지금도 신자들에게 죽음의 불길에 맞설 용기를 불어넣어 주고 있다.

기도문

우리를 구원하시고, 치유하시며, 보호하시는 능력이 하나님에게 있음을 알고 있습니다. 그리고 하나님은 우리의 부족함을 채우시는 기적을 베푸시는 분임을 믿습니다. 하지만 하나님이 영광을 받으시는 방법이 그런 능력을 통해서인지는 알지 못합니다. 우리가바라는 방법과 시간에 주님이 우리를 구원해 주시지않을 지라도 주님을 신뢰할 수 있는 믿음을 주시기를 기도합니다. _____에게 부활의 날에 성취될 구원을 향한 확신과 그것을 선택할 용기를 주옵소서.

✉

당신을 위해 다니엘 3장 16-18절 말씀으로

기도합니다. 현재 상황이 불안하고 불확실하더라도

하나님 나라를 향한 믿음이 흔들리지 않기를,

죽음까지도 막을 수 없는 그 구원의 확신을

하나님이 당신에게 가득 채워 주시기를 기도합니다.

(#14)

기다림의 은혜를
주시기를 기도합니다

여호와여 주의 분노로 나를 책망하지 마시오며

주의 진노로 나를 징계하지 마옵소서

여호와여 내가 수척하였사오니 내게 은혜를 베푸소서

여호와여 나의 뼈가 떨리오니 나를 고치소서

나의 영혼도 매우 떨리나이다 여호와여 어느 때까지니이까

여호와여 돌아와 나의 영혼을 건지시며

주의 사랑으로 나를 구원하소서

시편 6:1-4

하나님의 치유와 회복을 기다리는 것이 매우 힘들게 느껴질 때가 있다. 우리는 보통 사나흘 정도 간절히 기도하고, 온 힘을 다해 인내했다고 생각한다. 물론 몇 달 혹은 몇 년 동안 기도했는데도 하나님이 우리의 신실한 기도에 응답하지 않으실 때는 희망을 잃기도 한다. 우리에게는 천국 문이 닫혀 있는 것은 아닌지, 우리 기도를 듣고 역사하실 누군가가 과연 존재하기는 한 건지 의문을 품으며 말이다

"주여, 어느 때까지니이까"라고 외쳤던 다윗의 기도는 그런 의미에서 매우 공감된다. 우리는 다윗의 기도를 통해 하나님의 응답이 더디게 느껴지는 상황 속에서 절망적인 마음을 어떻게 표현할 수 있는지 알게 된다. 그의 고백은 우리가 기도해야 하는 대상이 누구인지 명확히 보여 준다. 다윗은 변함없는 사랑의 하나님에게 기도하고 있었다. 다윗이 지치지 않고 오랜 세월 기도할 수 있었던 원동력은 바로 이것이었다. 다윗은 하나님의 자비하심이 성품의 중심에 자리하고 있음을 알고 있었다. 그분은 기도를 들으시고, 응답하시며, 구원하시는 분임을 확신했다. 그렇기에

다윗은 쉬지 않고 기도할 수 있던 것이다.

하나님이 우리 기도를 듣기는 하시는 건지 의문이 들 수 있다. 하지만 우리는 분명히 확신할 수 있다. 우리 몸과 마음이 아프고 괴로울 때에도, 슬픔에 울며 지쳐 있을 때에도 하나님은 우리의 모든 흐느낌을 다 들으신다는 것을. 애통하는 기도를 모두 들으신다는 것을. 그분은 우리의 간절한 기도를 이미 들으셨고 응답하실 것을 말이다. 다만 그 시간이 오늘이나 내일이 아닐 수도 있다. 또한 우리가 간절히 바라는 모든 치유와 회복이 이루지지 않을 수도 있다. 하지만 한 가지 확실한 것은 우리 삶과 우리가 사랑하는 이들의 삶이 하나님의 역사하심을 통해 완전해질 그날이 반드시 오리라는 것이다. 예수님은 분명히 돌아오셔서 우리를 구원하실 것이다. 변치 않는 그 사랑의 힘으로 기필코 구하실 것이다.

하나님, 때로는 하나님의 일하심이 너무나 더디게 느껴질 때가 있습니다. _____에게 하나님이 뜻하신 모든 것을 이루실 때까지 기다릴 수 있는 인내를 주옵소서. 하나님이 일하고 계심을 알지 못할 때에도 기다림 속에서도 하나님을 신뢰하는 믿음을 허락해 주옵소서. 그 응답이 너무 오래 걸린다고 느껴질 때에도 주님이 뜻하신 가장 선한 때를 신뢰하는 믿음을 _____에게 주시기를 간절히 기도합니다.

✉️

당신을 위해 시편 6편 1-4절 말씀으로 기도합니다.

저는 이 말씀을 통해 하나님이 치유와 회복의

역사를 이루실 때까지 우리는 어떻게 기도하며

인내해야 하는지를 배웠습니다. 하나님이

당신에게도 인내하며 기다릴 수 있는 마음을

주시기를, 아픈 몸과 마음을 치유해 주실 때까지

신뢰하며 기도할 수 있도록 은혜 베풀어 주시기를

간구합니다.

15

하늘의 상급을
소망하기를 기도합니다

내가 이미 얻었다 함도 아니요 온전히 이루었다 함도 아니라

오직 내가 그리스도 예수께 잡힌 바 된 그것을 잡으려고 달려가노라

형제들아 나는 아직 내가 잡은 줄로 여기지 아니하고

오직 한 일 즉 뒤에 있는 것은 잊어버리고 앞에 있는 것을 잡으려고

푯대를 향하여 그리스도 예수 안에서

하나님이 위에서 부르신 부름의 상을 위하여 달려가노라

빌립보서 3:12-14

고난이 닥치면 우리는 그 고통에 집중하게 되고, 현재 상황 이외의 것을 생각하거나 이야기하는 것이 어려워진다. 그래서 지금 당장 그 문제에서 벗어나기 위해 필요한 일을 먼저 하려고 한다. 하지만 우리는 빌립보 교인들을 향한 서신에서, 바울이 감옥에서 당하는 괴로움 속에서도 매우 다른 태도를 선택하는 모습을 볼 수 있다.

바울은 그리스도 안에서의 삶을 결승선이 있는 경주라고 생각했다. 그리고 그 경주를 잘 마치는 것에 모든 관심을 두었다. 바울은 하나님 나라로 더욱 나아가기 위한 것이라면 자신에게 있는 모든 것을 내어놓을 마음이 있었다. 감옥에서 어떤 고통을 겪었더라도 그를 현실에 안주하거나, 편안하게 자기 유익만을 추구하며 살도록 하지 못했다.

바울은 그 한 가지에만 집중하며 살았다. 냉대받고, 잊히고, 가혹한 대우를 받고, 억울한 누명을 쓰는 것을 신경 쓰지 않았다. 그리스도인의 삶의 목표인 믿음의 경주를 완주하여 하늘의 상급을 받는 날, 하늘 아버지께서 잘했다고 칭찬해 주실 그날만을 바라보았다. 그는 그리스도를 위해 최선을 다하는 삶이, 다가올 삶에서 상급과 기쁨을 가져다 줄 것이라고 굳게 믿으며 살았다.

바울은 고통 가운데 있을 때 천국에 예비된 소망을 바라보는 것이 어떤 것인지 삶을 통해 잘 보여 주었다. 그리고 우리에게 그렇게 살도록 도전하고 있다. 장차 이루어질 일을 바라보며 살아갈 때, 우리의 평범한 일상은 영원한 삶의 일부가 된다. 새 하늘과 새 땅에서 누리게 될 것들을 억지로 이 땅으로 가지고 오려고 하지 말라. 그 대신 그리스도 예수께 잡힌 바된 그것을 잡기 위해 달려가자.

기도문

천국에서 우리가 누리게 될 영원한 삶으로 인도하시는 하나님, ＿＿＿가 이 경주를 완주할 수 있도록 격려해 주옵소서. 그동안 조급한 마음으로 당장 눈앞에 보이는 것만을 생각한 적이 있다면 용서하여 주시고, 천국에서 누릴 것에 대한 더 큰 기대감으로 ＿＿＿를 채워 주옵소서. 하늘의 상급이 있음을 늘 기억하게 하시고, 이 경주를 완주했을 때 누리게 될 큰 기쁨과 기대감이 ＿＿＿의 말과 행동 가운데 나타나게 하옵소서.

당신을 위해 빌립보서 3장 12-14절 말씀으로
기도합니다. 하나님이 이 믿음의 경주 끝에서 당신을
기다리고 계신다는 사실을 잊지 않기를 기도합니다.
장차 당신에게 주실 하늘의 상을 향해 나아갈 때
필요한 확고한 믿음과 능력 주시기를 간구합니다.

16

주님을 기쁘시게 하며
살아가기를 기도합니다

이로써 우리도 듣던 날부터 너희를 위하여 기도하기를 그치지

아니하고 구하노니 너희로 하여금 모든 신령한 지혜와 총명에

하나님의 뜻을 아는 것으로 채우게 하시고 주께 합당하게 행하

여 범사에 기쁘시게 하고 모든 선한 일에 열매를 맺게 하시며

하나님을 아는 것에 자라게 하시고 그의 영광의 힘을 따라 모든

능력으로 능하게 하시며 기쁨으로 모든 견딤과 오래 참음에

이르게 하시고 우리로 하여금 빛 가운데서 성도의 기업의 부분

을 얻기에 합당하게 하신 아버지께 감사하게 하시기를 원하노라

골로새서 1:9-12

누군가를 위해 기도하고 싶을 때, 그 사람이 원하는 것이 무엇인지 물어보는 것은 매우 당연한 일이다. 그러면 대부분은 대답으로 매우 구체적인 기도 제목들을 알려 주고 그것을 위해 기도해 달라고 말할 것이다. 현재 겪는 문제와 위기에서 그들이 생각하기에 가장 최선의 응답이 무엇인지 이미 그들의 마음속에 정해져 있기 때문이다. 그래서 우리는 보통 그들이 원하는 방향으로 응답해 주시도록 하나님에게 기도한다.

하지만 우리가 기도할 때 구하는 그 내용이 최선의 것이라고 어떻게 확신할 수 있는가? 그렇지 않다면 우리가 무엇을 구하여야 할지 어떻게 알 수 있는가? 바울은 골로새 성도들을 위해 기도하면서 우리가 정말 간구해야 할 것인 무엇인지 알려 준다. 그는 골로새 성도들의 소식을 들은 이후 그들을 위해 기도를 멈추지 않았다고 말한다. 그리고 그들의 삶에서 성숙해야 할 아주 중요한 것을 위해 끊임없이 기도했다. 그런데 이것은 골로새 성도들만의 이야기가 아니다. 지금 우리 삶과 우리가 기도 하는 이들의 삶에도 똑

같이 적용되는 이야기다. 그들처럼 우리에게도 우리 삶 속에서 성숙되어야 할 열매들이 있다.

바울은 인간의 본성에 대해 잘 이해하고 있었다. 인간은 본래 자신을 만족시키고 즐겁게 하는 것을 추구하려는 경향이 있다. 자신을 기쁘게 하는 것으로 삶을 채우려는 성향은 자연스러운 일이다. 그런데 무엇이 바울을 골로새 성도들을 위해 무릎 꿇으며 기도하게 만들었을까? 바울은 그들이 다른 삶의 목표를 향해 살아갈 수 있도록 영적인 지혜와 지식을 갖추기를 간절히 소망했다. 골로새 성도들이 주님을 경배하고 그분을 기쁘시게 하는 것을 삶의 목표로 삼고 살아갈 수 있기를 기도했다. 그들이 하나님의 뜻을 알기를 원하지만 단순히 지적인 성취로만 알기를 원하지 않았다.

바울은 성도들이 하나님을 기쁘시게 하는 것이 무엇인지에 대한 이해가 꾸준히 성장함에 따라 그들이 그것에 부합하도록 삶을 살아 내기를 기도했다. 그래서 마침내 하나님이 영광 받으시고 기뻐하시기를 소망했다.

기도문

하나님, _____에게는 하나님에 대한 지식과 그것을 삶으로 실천하는 지혜가 필요합니다. 그래서 저는 _____를 위해 기도하고 있으며, 앞으로도 이 기도를 멈추지 않을 것입니다. _____에게 항상 주님을 공경하고 기쁘시게 하는 방식으로 살고자 하는 소망을 주옵소서. 또한 그 안에서 일하셔서 모든 종류의 좋은 열매를 맺게 하소서.

당신을 위해 골로새서 1장 9-12절 말씀으로 기도합니다. 당신이 하나님의 뜻을 온전히 알게 해달라고 간구합니다. 하나님을 기쁘시게 하고 그분을 공경하는 방향으로 당신 삶의 초점이 향할 수 있도록 당신에게 영적인 지혜와 이해를 주시기를 간구합니다.

#17

삶에 열매가 있기를
기도합니다

그들은 잠시 자기의 뜻대로 우리를 징계하였거니와

오직 하나님은 우리의 유익을 위하여

그의 거룩하심에 참여하게 하시느니라

무릇 징계가 당시에는 즐거워 보이지 않고 슬퍼 보이나

후에 그로 말미암아 연단받은 자들은

의와 평강의 열매를 맺느니라

히브리서 12:10-11

처벌과 훈육. 이 둘 사이에는 매우 큰 차이가 있다. 처벌에는 잘못된 행동을 한 사람에게 벌을 내리기 위한 목적이 있다. 종종 우리는 하나님이 우리 죄의 결과로 벌을 내리실까 봐 두려워 하지만, 그럴 필요가 없다. 왜일까? 그리스도가 이미 우리 죄를 대신 짊어지고 벌을 받으셨기 때문이다. 그래서 우리는 죄의 처벌로부터 자유할 수 있다.

하지만 훈육은 다르다. 훈육에는 우리를 사랑하시는 아버지가 우리를 가르치려는 목적이 있다. 주님은 히브리서를 통해 "사랑하는 사람들을 징계하신다"고 말씀하신다. 그 징계를 받는 때에는 즐겁지 않고 고통스러울(히 12:6, 11) 지라도, 우리의 유익과 그분의 거룩하심에 참여하게 하시려는 하나님의 뜻을 생각하며 인내하라고 격려한다(히 12:7, 10). 하나님은 우리의 완벽한 아버지시다. 그분의 징계는 결코 너무 가혹하거나 부적절하지 않다. 우리는 자녀를 훈육하는 최선의 방법을 잘 알지 못하지만 하나님은 그 모든 것을 아시는 분이다. 그분은 항상 옳으시며, 완벽하게 행하시는 분이다.

물론 우리가 우리를 훈육하시는 이가 아무리 하나님이라 할지라도, 우리를 잘되게 하기 위한 징계라는 말에는 동의할 수 없을 지도 모른다. 징계는 괴로움과 고통, 상실감을 가져오기 때문이다. 그러나 하나님은 우리가 "그분의 거룩하심에 참여"하게 하시기 위해 그 시간을 허락하신다. 그분의 계획과 목적이 있다는 확신을 가질 때만이 우리는 그 징계를 인내할 수 있다.

하나님은 그분의 자녀들이 자신을 닮아 가기를 원하신다. 하나님이 기뻐하시는 것이 무엇인지, 더 중요하게 여기시는 것이 무엇인지 우리 삶에서 드러내기를 원하신다. 우리가 그 마음을 알고 기꺼이 하나님에게 훈련받을 때, 우리 안에 아름다운 일이 시작되고. 우리 인생에는 아름다운 꽃이 피며, 의와 평강의 열매가 맺힐 것이다(히 12:11).

하나님, 하나님이 우리를 가르치시는 만큼 우리가 성장한다는 사실을 잘 알고 있습니다. 아버지의 온유한 손길로 ＿＿＿를 가르치고 인도하여 주옵소서. ＿＿＿에게 하나님의 거룩한 훈련을 인내할 수 있는 은혜를 주시고, 더욱 주님의 거룩하심에 참여하며 의와 평강의 열매가 맺히는 기쁨을 주시기를 간구합니다.

당신을 위해 히브리서 12장 10-11절 말씀으로 기도합니다. 하늘 아버지께서 삶 속에서 고난을 겪게 하실 때, 당신을 온유한 손길로 인도하시기를, 그분의 거룩을 향하여 나아가는 삶으로 빚어 가시기를 간절히 기도합니다.

#18

주님을 신뢰하는
믿음을 주시기를
기도합니다

어떤 사람은 병거, 어떤 사람은 말을 의지하나

우리는 여호와 우리 하나님의 이름을 자랑하리로다

시편 20:7

모든 왕이 그러했듯이, 이스라엘 왕이 자신의 군대가 가진 능력과 크기를 신뢰하는 것은 지극히 당연한 일이었다. 하지만 다윗은 다른 왕들과는 달랐다. 그는 모든 백성을 보호하시는 더 위대한 왕께 자신의 왕좌를 내어 드렸다. 군사력에 의지하는 대신 오로지 하나님만을 신뢰하기로 결심한 것이다. 다윗은 이렇게 고백했다. "여호와께서 자기에게 기름 부음 받은 자를 구원하시는 줄 이제 내가 아노니 그의 오른손의 구원하는 힘으로 그의 거룩한 하늘에서 그에게 응답하시리로다."(시편 20:6) 이스라엘의 많은 왕이 그랬듯이, 우리도 우리를 안전하게 해주는, 다른 것을 더의지하는 경향이 있다. 하나님이 아닌, 자신을 안전하게 지켜 주는 재산 혹은 보험 같은 것에서 안정감을 찾는다. 자신이 원하는 삶으로 바꿔 줄 법한 자기계발 습관이나, 문제를 해결할 수 있는 설득력, 개인의 타고난 재능을 더 신뢰한다.

그러나 하나님을 따르는 사람은 자신이 안전하다고 믿는 근본적인 이유를 하나님 안에서 찾는다. 사회적 안전망이나 세상이 제공하는 해결책에 매달리지 않는다. 우리가 맞이할 미래가 우리가 만들어 낸 보호 수단이나 기회 또는 경제적인 수입에 달려 있지 않다는 것을 알기 때문이다. 우리는 우리 주 하나님의 이름을 믿는다. 적어도 우리는 그렇게 믿고 싶어 한다.

우리는 그동안 쌓아온 재산이나 가입해 둔 보험을 신뢰하는 대신 삶의 유일한 공급자 되시는 하나님을 의지해야 한다. 건강을 위한 노력과 각종 대비책에 힘을 쏟는 대신 하나님이 보호해 주실 것을 신뢰하려면, 혼자 힘으로는 안 된다. 우리 자신의 계획과 꿈을 신뢰하는 대신 하나님이 우리 삶의 모든 순간을 예비하고 계신다는 것을 신뢰하려면, 바로 주님의 도움이 절실히 필요하다. 우리 스스로 이뤄 낸 성공을 신뢰하는 대신 예수 그리스도께서 우리를 대신하여 이미 이루신 것들을 신뢰하려면, 주님의 도움 없이는 불가능하다. 그래서 우리는 하나님에게 모든 것을 맡길 수 있는 믿음을 달라고 기도해야 한다.

기도문

하나님, 우리가 볼 수 없는 하나님보다 보고 만질 수 있는 세상의 것들을 신뢰하는 것은 너무나 자연스러운 일입니다. 하지만 주님만이 불확실하며, 불안으로 가득한 이 세상에서 참되고 영원한 우리의 반석이 되십니다. _____에게 믿음의 눈을 주셔서 하나님이 얼마나 신뢰할 만한 분인지 보게 하여 주옵소서. 눈에 보이는 것에 소망을 두지 않게 하시고, 영원하지 않을 것들을 의지하고 싶은 유혹을 이길 수 있도록 도와주옵소서. 매 순간 _____을 주님의 임재 안으로 초대해 주시고, 모든 것을 주님에게 맡길 수 있도록 믿음을 더하여 주옵소서.

✉️

당신을 위해 시편 20편 7절의 말씀으로 기도합니다.

당신이 하나님을 온전히 신뢰할 수 있도록

당신에게 믿음을 더해 주시기를 간구합니다.

이 세상의 물질과 사람들에게 소망을 두지 않고,

하나님만이 주실 수 있는 완벽한 보호하심과

구원의 소망을 온전히 신뢰할 수 있기를

기도합니다.

#19

하나님에게
신실하기를 기도합니다

전제와 같이 내가 벌써 부어지고 나의 떠날 시각이 가까웠도다

나는 선한 싸움을 싸우고 나의 달려갈 길을 마치고 믿음을 지켰으니

이제 후로는 나를 위하여 의의 면류관이 예비되었으므로

주 곧 의로우신 재판장이 그날에 내게 주실 것이며

내게만 아니라 주의 나타나심을 사모하는 모든 자에게도니라

디모데후서 4:6-8

인간은 반드시 언젠가 죽음을 맞이한다. 그리고 종종 예상보다 빠르게 죽음을 맞이하기도 한다. 그러나 최근 사회 분위기를 보면 이를 부정하고 있는 듯하다. 심지어 죽음의 의미에 대해 고민하는 것을 병으로 취급하기도 한다. 이런 분위기에서 우리는 성경이 죽음을 이렇게 다루지 않는다는 사실을 기억해야만 한다. 성경은 우리가 죽게 된다는 사실을 기억하며, 현재를 살아가라고 말한다.

바울은 믿음의 아들 디모데에게 보낸 편지의 마지막에서 우리를 위한 권면의 말을 남겼다. 바울은 우리도 언젠가 그와 같이 인사할 수 있게 되기를, 즉 삶의 마지막 날에 "선한 싸움을 싸우고 나의 달려갈 길을 마치고 믿음을 지켰다"고 고백할 수 있기를 바라는 것이다. 바울은 이미 오래 전에 "차라리 세상을 떠나서 그리스도와 함께 있는 것이 훨씬 좋은 일이라"(빌 1:23)고 빌립보 교회의 성도들에게 고백했다. 바울에게 죽음은 그의 간절한 소망이 곧 이루어지는 순간이었다. 30년의 삶을 산 제물로 드리며 살아온 바울은 죽음에서도 평안할 수 있었다. 그에게 죽음은 끝이 아니었기 때문이다.

　바울은 낙담, 불신, 자기 연민에 맞서 선한 싸움을 싸웠다. 그는 고난이 닥쳤을 때 포기하지 않았다. 오히려 믿음을 굳게 붙잡았다. 계속해서 그리스도의 말씀이 그 안에 넘쳐나도록 받아들이고, 예수 그리스도의 완성된 사역에 의지하며, 복음을 끝까지 지켜 냈다. 우리는 죽음, 곧 이 땅을 떠나는 날을 상상하기 어렵다. 하지만 그날은 모든 사람에게 반드시 온다. 바울의 믿음의 고백을 되새기며 우리 삶에서도 바울이 싸웠던 바로 그 싸움을 신실하게 해나갈 수 있기를, 바울의 인내와 단호한 믿음의 증거가 우리 삶에도 나타나기를 간절히 바라고 또 바란다.

주님, 우리는 언제 죽게 될지 그날을 알 수 없습니다. 다만 우리가 죽을 때까지 주님이 재림하시지 않는다면 우리 죽음이 먼저 찾아올 것임을 압니다. _____에게 선한 싸움을 포기하지 않고 믿음의 경주를 계속 해 나갈 의지를 허락하옵소서. 그를 믿음의 길에서 벗어나지 않도록 인도하여 주옵소서. 또한 하늘의 상급을 받을 그날을 고대하고, 주를 만나 뵐 그날을 기다리는 마음을 갖게 해주시기를 기도합니다.

✉️

당신을 위해 디모데후서 4장 6-8절 말씀으로

기도합니다. 당신이 선한 싸움을 포기하지

않고, 믿음의 경주를 끝까지 달려갈 수 있기를

하나님에게 간구합니다. 예수 그리스도와 그분의

약속된 상을 온전히 신뢰할 수 있도록 당신에게

필요한 것들을 채워 주시기를, 주님의 재림을

향한 갈망이 당신 안에 더 충만하게 채워지기를

기도합니다.

20

모든 순간
하나님을 의지하기를
기도합니다

형제들아 우리가 아시아에서 당한 환난을 너희가

모르기를 원하지 아니하노니 힘에 겹도록 심한 고난을 당하여

살 소망까지 끊어지고 우리는 우리 자신이 사형 선고를 받은 줄

알았으니 이는 우리로 자기를 의지하지 말고 오직 죽은 자를

다시 살리시는 하나님만 의지하게 하심이라

고린도후서 1:8-9

"하나님은 스스로 돕는 자를 돕는다"라는 말은 성경에 없다. 우리는 이 사실을 매우 잘 알고 있다. 그럼에도 종종 이 말이 복음적이라고 여기며 살아가곤 한다. 대부분의 사람은 궁핍해지거나 다른 이의 도움없이 살아갈 수 없는 형편이 되는 것을 좋아하지 않는다. 스스로 문제를 해결하고 자기 능력을 믿고 싶어 한다. 무엇이든 잘 해내는 모습을 하나님이 원하고 기뻐하실 것이라고 생각하기도 한다. 하지만 이것은 사실이 아니다. 하나님은 우리의 진정한 아버지가 되기를 원하신다. 하나님이 아니면 도저히 헤어날 수 없는 상황을 만드셔서 우리가 스스로가 아닌 하나님을 온전히 의지하도록 이끄신다.

바울은 고린도 성도에게 보낸 편지에서, 자신과 그의 동역자들이 죽을 정도로 절박한 상황에 처했을 때를 묘사했다. 바울은 그 상황에서 일하고 계시는 하나님을 알리기 원했다. 인간적인 걱정으로 앞으로 어떤 고난이 일어날지 염려하지 않았다. 오히려 하나님이라면 그분의 선한 일을 어떻게든 이루실 것임을 확신했다. 분명히 그들은 자신의 능력과 노력, 재능

117

에 의존할 수 없는 상황과 맞닥뜨리고 있었다. 그들을 구원할 분은 오직 하나님이었지만, 그들에게는 그 문제들을 스스로 해결하려는 마음이 있었다. 하나님은 그 마음을 아셨다. 그리하여 유일한 소망은 오직 하나님뿐이라는 사실을 깨닫게 하셨다. 이것이 그들에게 유익하다는 것을 알게 하셨다. 하나님은 이렇게 고난을 통하여 바울을 가르치셨다. 그의 삶을 하나님에게 더욱 온전히 내어 맡길 수 있도록 그를 이끄신 것이다.

이처럼 하나님은 우리 손으로 붙잡고 있는 밧줄 끝에서, 우리가 믿고 의지한 모든 것이 바닥난 상황을 통해서 일하신다. 하나님은 우리가 하나님에게서 떠나 스스로 모든 것을 이루려는 모습이 아닌, 하나님만을 의지하는 사람이 되어 가는 모습을 더 중요하게 여기신다는 사실을 우리가 잊지 않기를 원하신다.

하나님, _____이 견딜 수 없을 정도로 짓눌리고 괴로워하는 날을 보내고 있습니다. 이 어려운 시간 가운데 하나님을 더욱 의지하는 법을 배울 수 있도록 도와주옵소서. 하나님은 죽은 자를 살리시는 분입니다. 죽음을 생명으로 바꾸실 능력의 하나님이심을 믿습니다. 그의 삶에 하나님의 능력과 하나님이 옳으셨음을 나타내 주옵소서.

✉

당신을 위해 고린도후서 1장 8-9절 말씀으로 기도합니다. 한 발자국도 나아갈 수 없을 만큼 모든 것이 막혀 있고 어떠한 소망조차 없다고 느껴질 때, 나 자신보다 하나님을 온전히 의지한다는 것이 어떤 의미인지 경험할 수 있기를 기도합니다.

Part 3.

강건하기를

21

다른 사람들을
용서할 수 있기를
기도합니다

그러므로 너희는 하나님이 택하사 거룩하고 사랑받는 자처럼

긍휼과 자비와 겸손과 온유와 오래 참음을 옷 입고

누가 누구에게 불만이 있거든 서로 용납하여 피차 용서하되

주께서 너희를 용서하신 것같이 너희도 그리하고

이 모든 것 위에 사랑을 더하라 이는 온전하게 매는 띠니라

그리스도의 평강이 너희 마음을 주장하게 하라

너희는 평강을 위하여 한 몸으로 부르심을 받았나니

너희는 또한 감사하는 자가 되라

골로새서 3:12-15

몸에 멍이 들거나 화상을 입었을 때, 누군가 그 부위를 살짝만 건드려도 몹시 민감하게 반응한다. 상처 난 자리에 무언가 살짝이라도 닿게 되면 아무리 약한 자극이라도 고통을 느끼게 된다. 이처럼 신체적, 정신적, 관계적 어려움을 겪고 있을 때에는 평소보다 예민해지기 마련이다. 이럴 때 누군가가 우리를 잘못된 방식으로 대한다면 민감하게 반응할 가능성이 높다. 우리의 이런 날카로운 반응은 주변 이들의 마음을 상하게 할 수 있다. 또한 당사자뿐만 아니라, 곁에서 지켜 보는 이들과의 관계까지도 망가질 수 있다. 그러나 진정한 그리스도인의 성품은 바로 이럴 때 우리 삶과 주변 사람들에게 표현된다.

우리는 하나님의 성품인 긍휼과 자비와 친절, 온유와 오래 참음을 가진 자로서 말과 태도를 통해 이것들을 전할 수 있다. 어떤 상황에 반응하는 태도와 다른 사람과 교제하는 모습을 통해 예수 그리스도께서 우리 마음을 다스리고 계심을 나타낼 수 있다. 하늘에 계신 아버지로부터 풍성한 은혜를 받은 우리는 우리에게 상처와 실망을 주는 사람들에게도 그 은혜를 베풀 수 있어야 한다. 누군가의 잘못에는 자비와 긍휼을, 누군가의 단점에는 포용하는 마음을, 기분을 상하게 하는 이들에게는 넉넉히 용서하는 마음을 갖는 것이다. 다른 이들의 잘못을 일기장에 빼곡히 적어 놓고 주야로 묵상하고픈 욕망에 굴복하지 않기를 바란다. 돌봄과 배려를 자신이 먼저 받기를 고집하는 마음을 내려놓으며, 먼저 다른 이들의 필요를 돌보는 일에 마음 쓰는 자가 그리스도인이다. 하늘 아버지의 극진한 사랑을 받은 자로서 우리는 우리 영혼이 그의 사랑의 옷을 입기를 간절히 소원해야 한다.

기도문

하나님, _____에게 보여 주신 긍휼과 자비와 친절, 겸손과 온유와 오래 참음이 주변 사람들에게까지 흘러갈 수 있게 하여 주옵소서. 그가 다른 사람과의 관계에서 자신이 고쳐야 할 문제를 깨닫게 하시고, 그들을 사랑으로 넉넉하게 품어야 할 것들이 무엇인지 알 수 있는 지혜를 주옵소서. 그리스도로부터 오는 평강이 그와 주변인의 마음을 다스리기를 기도합니다.

✉

당신을 위해 골로새서 3장 12-15절 말씀으로

기도합니다. 하나님의 긍휼과 자비와 친절과

겸손과 온유와 오래 참음이 당신을 통해

주변 사람들에게 흘러가기를 바랍니다.

특히 말과 행동으로 당신을 아프게 하거나

불쾌하게 한 이들에게까지 흘러가기를 기도합니다.

하나님의 평강이 오늘과 내일, 그리고 평생

당신의 마음을 다스리기를 기도합니다.

낙심에 굴복하지
않기를 기도합니다

내 영혼아 네가 어찌하여 낙심하며

어찌하여 내 속에서 불안해하는가

너는 하나님께 소망을 두라

그가 나타나 도우심으로 말미암아

내가 여전히 찬송하리로다

시편 42:5

절망과 좌절은 쉽게 극복하기 어렵다. 그래서 하늘의 도우심이 필요하다. 시편 42편은 이런 낙심의 순간에 우리의 도움이 어디에 있는지 알려 준다. 시편 42편에서 시편 기자는 하나님을 그리워하며 하나님과 친밀감이 회복되기를 갈망한다. "내가 어느 때에 나아가서 하나님의 얼굴을 뵈올까?"(시편 42:2) 하지만 삶의 어려움이 하나님에 대한 그의 믿음을 조롱하는 듯하다. "사람들이 종일 내게 하는 말이 네 하나님이 어디 있느뇨 하오니 내 눈물이 주야로 내 음식이 되었도다."(시편 42:3) 그는 하나님에게 진정한 확신을 가지고 기쁨으로 노래할 수 있었던 예전 모습을 기억하며 다시 기쁨으로 가득한 찬양을 드릴 수 있었다. 하지만 그때의 모습과 지금의 모습을 비교하게 되면서 다시 마음이 무너졌다.

그러나 절망으로 치닫던 그의 마음을 무언가가 멈춰 세웠다. 시편 기자는 자신의 감정과 마음에 있는 의문들을 되짚어 보기 시작했다. 현실적이고 절망적인 감정을 여과 없이 받아들이며 이 감정들이 자신을 지배하게 하는 대신, 왜 그렇게 낙담하고 슬픈지 스스로에게 묻는다. 자신의 말에 귀를 기울이기보다는 하나님이 어떤 분인지에 대한 진리를 자신에게 선포하기 시작한다. 그는 주님이 매일 자신에게 어떻게 사랑을 부어 주셨는지, 깊은 절망의 밤에도 어떻게 자신의 기도를 들어주셨는지, 그 주님의 모습을 떠올리기로 결심한다.

다윗은 낙담하면 어떻게 되는지, 그리고 이런 상황에 어떻게 싸울 수 있는지를 잘 보여 준다. 그는 절망에 좌절하는 것이 아니라 하나님에게 소망을 두라고 자기 영혼에게 선포한다. 우리도 시편 42편의 말씀을 자신의 시편으로 고백하며 다윗처럼 노래할 수 있어야 한다. 그렇게 한다면 절망과 낙심에 항복하기보다 하나님에게 소망을 둘 것을 우리 마음에 새길 수 있다.

기도문

하나님, 시편 42편으로 말씀하여 주시니 감사합니다. 기도가 단지 우리 슬픔을 주님에게 털어 놓는 것이 전부가 아님을 고백합니다. 비탄과 낙심에 빠진 우리 영혼에 하나님의 말씀을 선포할 수 있다는 것을 시편을 통해 알려 주셔서 감사합니다. 앞길이 보이지 않아 _____가 깊은 낙심에 빠졌습니다. 내면의 감정들이 그에게 절망을 속삭일 때, "하나님께 나의 소망을 두겠노라"고 자기 자신에게 선포할 믿음을 주시기를 기도합니다. _____ 안에 좌절감을 떨쳐 버릴 수 있는 확고한 소망을 가득 부어 주시옵소서.

✉

당신을 위해 시편 42편 5절 말씀으로 기도합니다.
하나님이 당신의 모든 좌절을 진정한 소망으로
바꾸어 주시기를 간구합니다. 당신이 절망적인
생각들에 귀를 기울여 낙심하기보다는 하나님에게
그 마음을 올려드리고 하나님 안에 소망을 둘 수
있기를 기도합니다.

23

하늘의 유업을
기뻐하기를 기도합니다

우리 주 예수 그리스도의 아버지 하나님을 찬송하리로다

그의 많으신 긍휼대로 예수 그리스도를 죽은 자 가운데서

부활하게 하심으로 말미암아 우리를 거듭나게 하사 산 소망이

있게 하시며 썩지 않고 더럽지 않고 쇠하지 아니하는 유업을

잇게 하시나니 곧 너희를 위하여 하늘에 간직하신 것이라

너희는 말세에 나타내기로 예비하신 구원을 얻기 위하여

믿음으로 말미암아 하나님의 능력으로 보호하심을 받았느니라

베드로전서 1:3-5

사람들은 돈을 모으고 아끼고, 투자하려고 애쓴다. 하지만 우리 바람과 다르게 이 세상의 재물은 안전하지 않다. 불안정한 경제 상황과, 잘못된 투자, 지출의 남용, 그리고 도난, 탈취 같은 범죄에도 쉽게 무너진다. 안정적이지 않은 이러한 현실은 우리에게 두려움을 주기에, 불확실한 미래를 대비하기 위해 우리는 자꾸만 세상의 방법을 붙든다.

우리는 무엇을 통해 안정감을 누리는지, 그 안정감의 근원에 대해 알아야 한다. 우리의 안전은 현실에서 우리가 만들어 내거나 모은 것들에 달려 있지 않다. 그동안 우리가 모은 재산이나 은행 계좌에서 찾을 수 있는 것이 아니다. 참된 안정과 보호는 절대적인 안전과 영원한 상급이 쌓여 있는 곳, 놀라운 기쁨과 만족의 장소인 하늘에 있다. 우리는 새 하늘과 새 땅에 들어가게 될 때, 예비된 유업이 얼마나 크고 영광스러운 것인지 마침내 알게 될 것이다. 그리고 우리를 위해 하나님이 준비하신 모든 것과 함께 우리는 거울과 같은 선명함으로 다가오실 하나님을 맞이하며, 환희로 가득 차게 될 것이다.

하나님은 하늘에 있는 우리의 유업을 지키는 것 그 이상의 일을 하신다. 하나님은 하늘의 유업을 받을 때까지 우리를 지키시는 분이다. "너희는 말세에 나타내기로 예비하신 구원을 얻기 위하여 믿음으로 말미암아 하나님의 능력으로 보호하심을 받았느니라." 우리는 안전한 하나님의 팔로 보호받고 있다. 우리의 구원이 우리의 능력이 아닌 우리를 붙잡고 계시는 그리스도의 능력에 달려 있다니, 이 얼마나 기쁜 소식인가!

기도문

하나님, 말씀 안에서 우리를 향해 펴신 손을 믿음으로 바라봅니다. 한 손에는 헤아릴 수 없는 유산을, 다른 한 손에는 우리를 안고 계심을 봅니다. 주님과 함께라면 우리는 안전합니다. 오늘, _____에게도 평안함과 안정감을 부어 주시옵소서. _____가 영원히 누리게 될 기쁨을 지금 채워 주시기를 기도합니다.

✉️

당신을 위해 베드로전서 1장 3-5절 말씀으로 기도합니다. 하나님이 당신에게 평안한 안식을 주시기를 간구합니다. 장차 천국에서 당신이 받게 될 모든 것을 생각하며 하나님의 임재 안에서 기뻐할 수 있기를 기도합니다.

24

성령님을
느낄 수 있기를
기도합니다

이와 같이 성령도 우리의 연약을 도우시나니

우리는 마땅히 기도할 바를 알지 못하나

오직 성령이 말할 수 없는 탄식으로

우리를 위하여 친히 간구하시느니라

마음을 살피시는 이가 성령의 생각을 아시나니

이는 성령이 하나님의 뜻대로

성도를 위하여 간구하심이니라

로마서 8:26-27

어려움 가운데 있을 때 우리는, "내가 할 수 있는 건 기도밖에 없어"라고 말하곤 한다. 하지만 그저 상황이 조금 더 악화되는 정도가 아니라 견딜 수 없을 만큼 고통스러운 상황일 때는 어떠한가? 그럴 때는 기도 한 마디도 내뱉을 수 없는 자신의 모습을 보게 된다. 고난이 깊은 곳에서는 하나님이 멀리 계신 것같이 느껴진다. 하나님이 우리를 지키고 보호하신다는 약속은 기억조차 나지 않는다.

우리는 자신의 한계와 절망의 끝자락에 이르렀을 때에야 비로소 하나님의 깊은 신비 속으로 들어간다는 것을 경험한다. 무기력한 상태에 내몰렸을 때, 도우시는 성령님을 만날 수 있다. 어떠한 기도도 나오지 않고, 적절한 단어들을 찾지 못해서 논리 정연한 기도를 드릴 수 없는 그 상황 속에서 성령님은 말로 표현할 수 없는 탄식으로 우리를 위해 기도하신다. 우리 기도가 뻔한 단어의 나열 같고 반복적이고 기계적으로 느껴질 때, 우리를 위하여 기도하시는 성령님을 의지해야 한다. 성령님의 기도는 심오하며, 열정적이며, 완벽하다.

우리가 약할 때에도, 혼란스러울 때에도, 괴로움에 쌓여 불안할 때에도, 성령님은 우리 안에 계실 뿐만 아니라 우리를 도우신다는 사실을 아는 것은 얼마나 다행이고 감사한 일인가! 그분은 우리 짐을 덜어 주신다. 그분은 우리 곁에 오셔서 함께 기도해 주신다.

기도문

하나님, 우리는 무엇을 위해 기도해야 할지 모릅니다. 우리는 아버지의 뜻이 무엇인지 모릅니다. 우리는 항상 올바른 단어를 가지고 있지 않습니다. 이러한 상황에서도 말로 표현할 수 없는 탄식으로 _____를 위해 기도해 주시는 성령님에게 감사드립니다.

✉️

당신을 위해 로마서 8장 26-27절 말씀으로
기도합니다. 당신 안에 계시는 성령님으로
인해 감사드립니다. 당신과 언제나 함께하시고,
당신이 기도할 수 없는 그 순간에도 말할 수 없는
탄식으로 함께 기도해 주시는 성령님으로 인해
감사드립니다.

25

예수님에게
영광이 되기를
기도합니다

이러므로 우리도 항상 너희를 위하여 기도함은

우리 하나님이 너희를 그 부르심에 합당한 자로 여기시고

모든 선을 기뻐함과 믿음의 역사를 능력으로 이루게 하시고

우리 하나님과 주 예수 그리스도의 은혜대로

우리 주 예수의 이름이 너희 가운데서 영광을 받으시고

너희도 그 안에서 영광을 받게 하려 함이라

데살로니가후서 1:11-12

바울이 데살로니가 성도들에게 보낸 두 번째 편지 앞부분에는 그들이 고난과 고통을 당하고 있다는 사실이 나온다. 바울은 이 고통받는 사람들을 위해 어떻게 기도했을까? 바울은 다른 사람을 위해 기도할 때, 그들의 이기적인 욕심을 채워 달라고 구하지 않았다. 당장의 필요를 채워 달라거나, 눈에 보이는 문제, 일시적인 문제를 해결해 달라고도 구하지 않았다. 우리는 바울이 어떻게 기도했는지를 보면서, 사랑하는 사람들을 위해 기도하는 방법을 배울 수 있다.

바울은 데살로니가 성도들이 그리스도인이라는 이름에 걸맞은 삶을 살게 해달라고 하나님에게 기도했다. 그들이 그리스도인답지 않은 방식으로 살면서 스스로를 그리스도인이라 부르며 거짓되게 사는 것을 원치 않았다. 바울은 하나님에게 성경의 가르침을 행할 수 있는 힘을 그들에게 주시기를 간구했다. 영적인 은사를 사용하고, 박해 가운데에도 인내하며, 가난한 이들의 필요를 채워 주는 일들을 할 수 있는 힘 말이다. 바울의 가장 큰 소망, "주 예수의 이름이 존귀히 여김을 받는 것"은 우리가 베풀고, 사랑하며 살아갈 때 성취될 수 있다.

고통받는 이들을 위해 바울이 기도한 것처럼, 우리
도 사랑하는 사람들을 위해 기도할 수 있다. 그들이
선한 일을 행하는 자로 살아가도록. 그 일을 성취하
고 싶은 마음을 품도록. 인내심이 바닥을 보이는 상
황 속에서도 그리스도께 영광을 돌리며 서로 좋은 관
계를 세워 가도록 기도할 수 있다. 모든 관심과 시선
이 나에게 있기를 바라는 자기중심적인 순간에도 다
른 이들의 안녕을 더 소중히 여기게 되기를. 또한 하
나님이 행하시는 일에 의심이 드는 순간에도 하나님
이 하시는 일은 언제나 선하다는 것을 믿으며 그 신
뢰 안에서 그들이 평안할 수 있기를 기도할 수 있다.

기도문

하나님, _____안에 역사하시는 하나님의 은혜로 _____가 주님의 부르심에 합당한 삶을 살 수 있게 하옵소서. 그의 삶에 선한 일을 이루시고, 그를 향한 하나님의 계획을 성취할 수 있는 능력을 부어 주옵소서. 예수 그리스도의 이름이 _____의 삶을 통해 영광받게 하시고, 예수님과 함께 영광받는 기쁨과 특권을 _____가 누리게 하옵소서.

✉

당신을 위해 데살로니가후서 1장 11-12절 말씀으로 기도합니다. 하나님이 보시기에 당신이 합당한 삶을 살 수 있는 은혜를, 선한 믿음의 일들을 성취할 수 있는 능력을 당신에게 주시기를 기도합니다. 당신 삶을 통해 예수님의 이름이 영광을 받으시길 간절히 소망합니다.

그리스도의 능력이
임하기를 기도합니다

나에게 이르시기를 내 은혜가 네게 족하도다

이는 내 능력이 약한 데서 온전하여짐이라 하신지라

그러므로 도리어 크게 기뻐함으로

나의 여러 약한 것들에 대하여 자랑하리니

이는 그리스도의 능력이 내게 머물게 하려 함이라

그러므로 내가 그리스도를 위하여

약한 것들과 능욕과 궁핍과 박해와 곤고를 기뻐하노니

이는 내가 약한 그 때에 강함이라

고린도후서 12:9-10

"내 은혜가 네게 족하도다." 예수님이 바울에게 하신 말씀이다. 그리고 예수님은 당신과 나에게도 이같이 말씀하신다. 우리가 삶의 고통에서 벗어날 수 있기를 계속 간절히 기도할 때에도 말이다. "나의 존재로 지금 너는 이미 충분하다. 내가 너를 강하게 할 것이다. 네게 가장 필요한 방법과 분량으로, 가장 알맞은 때에 은혜가 너에게 임할 것임을 너는 반드시 알게 될 것이다. 비록 고통의 시간을 겪게 될 지라도 견뎌 낼 수 있도록 필요한 은혜를 줄 것이다." 예수님이 우리에게 건네시는 말씀은 바로 이것이다.

정말 놀라운 일이다. 이것은 우리가 바라는 것, 그 이상이다. 당신은 하나님의 은혜로 좌절과 슬픔 속에서도 기쁨을 충분히 누릴 수 있다. 비난과 방해도 거뜬히 견뎌 낼 것이다. 그토록 간절히 구하던 것을 하나님이 응답하지 않으실 때에도 그분은 선하시며 당신을 향한 사랑이 충만하다는 사실을 알게 하실 것이다.

또한 예수님은 바울에게 이런 말씀도 하셨다. "이는 내 능력이 약한 데서 온전하여짐이라." 그래서 바울은 "그리스도의 능력"이 자신에게 머물도록 자신의 약점을 기꺼이 자랑하기로 결심했다. 예수님이 십자가를 견딜 수 있었던 그 능력이다. 그분에게 침을 뱉고, 모욕을 퍼붓고, 배신했던 이들을 용서할 수 있었던 그 능력이다. 믿음으로 주님과 연합하는 사람들에게 임하는 그분의 능력은 이렇게 우리에게 임하고 우리를 통해 빛을 발한다.

기독교는 종종 인간의 삶을 잘 풀리게 하는 종교로 오해받는다. 그러나 기독교의 영적인 능력은 하나님과 특별한 관계를 맺음으로 환경이 변화되고 우리가 원하는 대로 응답받는 확신을 갖는 것이 아니다. 오히려 하나님이 주신 우리의 진정한 능력은 상상할 수 없는 최악의 일들이 나 자신과 사랑하는 이들에게 일어난다고 할지라도 예수 그리스도의 능력이 우리에게 임하신다는 그 신실한 약속에 있다.

기도문

하나님, 우리에게 충분한 은혜를 주시겠다는 약속이
_____의 영혼 깊숙이 자리하게 하옵소서. 그리스도
의 능력이 _____에게 머무르게 하사, 지금 이 상황
이 변하지 않더라도 만족할 수 있는 힘을 갖게 하옵
소서. _____가 연약함 속에서 주님의 강함을 보기를
기도합니다.

✉

당신을 위해 고린도후서 12장 9-10절 말씀으로
기도합니다. 하나님이 약속하신 충분한 은혜를
당신에게 채워 주시기를, 그래서 이 시간을 잘
인내할 수 있기를 기도합니다. 그리스도의 능력이
당신 위에 임하여 어려운 상황에서도 만족할 수
있기를 간구합니다.

27

안전을 주님에게
맡길 수 있기를
기도합니다

여호와를 의지하는 자는

시온 산이 흔들리지 아니하고 영원히 있음 같도다

산들이 예루살렘을 두름과 같이

여호와께서 그의 백성을 지금부터 영원까지 두르시리로다

시편 125:1-2

우리는 시편 125편에 나오는 "여호와를 의지하는 자"처럼 되기를 원한다. 살면서 주님을 전적으로 신뢰해 보기로 결심했던 적이 있다면 더욱 그럴 것이다. 우리가 주님을 신뢰하는 것은 믿음과 그리스도와의 관계에 있어 가장 기본이지만, 변함없는 믿음으로 사는 것은 몹시 어려운 일이다. 특히 소중한 자녀나 생계와 관련된 어려움을 겪을 때, 질병과 장애, 죽음의 문제에 맞닥뜨릴 때에는 더욱 그렇다.

그런 의미에서 시편 125편은 하나님 외에 다른 무언가를 의지하고 싶은 유혹이 생길 때, 정신을 바로 잡게 한다. 여기에서는 우리 삶이 시온산처럼 견고하다고 말한다. 우리는 시온산처럼 절대 무너지지 않을 것이다. 한 가지 기억해야 할 것은, 시온산에는 단단하고 튼튼하다는 뜻만 있지 않다는 것이다. 이 산을 만드신 분의 보호를 받고 있다는 뜻도 있다.

우리를 보호하시는 일에는 하나님이 직접 개입하신다. 그분은 이 일을 다른 이에게 절대 넘기지 않으신다. 하나님은 친히 자신의 자녀를 감싸 안으신다. 그 보호하심은 특별한 때에만 일어나거나 일시적으로만 나타났다 사라지는 것이 아니다. 하나님의 돌보심은 영원토록 우리를 에워쌀 것이다.

하나님을 신뢰한다는 것은 우리가 영원히 존재하시는 한 분과 연결된다는 것을 의미한다. 우리에게는 이런 안정감을 자신이나 사랑하는 이들에게 채워 줄 능력이 없다. 그래서 우리는 더욱 주님이 우리를 안전하게 지켜 주시고 보호해 주실 것을 신뢰해야 한다.

기도문

하나님, 말로만 하나님을 신뢰한다고 고백하는 데서 한 걸음 더 나아가기 원합니다. 언제나 변함없이 깊고 넓은 신뢰로 모든 것을 주님에게 맡기기를 원합니다. 지금 이 순간에도 _____를 주님의 팔로 안으시고 보호해 주옵소서. _____가 낙심하지 않도록 도우시고 억울하고 화가 나는 마음으로부터 지켜 주옵소서. 하나님을 우리 주로 모시는 데서 오는 안정과 평안을 _____가 누리도록 하옵소서.

✉

당신을 위해 시편 125편 1-2절 말씀으로
기도합니다. 하나님을 신뢰하기 때문에
우리에게는 누구도 흔들 수 없는 안전과 평안이
있음을 고백합니다. 하나님이 당신을 보호하시고
낙담과 소외감과 억울함으로부터 지켜 주시기를
기도합니다.

28

예수님에게
영광이 되는
진실한 믿음을
갖기를 기도합니다

그러므로 너희가 이제 여러 가지 시험으로 말미암아

잠깐 근심하게 되지 않을 수 없으나 오히려 크게 기뻐하는도다

너희 믿음의 확실함은 불로 연단하여도 없어질 금보다 더 귀하여

예수 그리스도께서 나타나실 때에

칭찬과 영광과 존귀를 얻게 할 것이니라

베드로전서 1:6-7

베드로는 어려움이 사방에서 닥쳐오는 고난의 때에도 기쁨을 누릴 수 있다고 말한다. 그 기쁨은 어디에서 나오는가? 그것은 이 세상의 모든 고통이 끝난 후 예수님이 다시 오실 때, 우리에게 일어날 일을 바라봄에서 나온다. 현재의 고난과 고통에 어떻게 믿음으로 반응하느냐에 따라 그날에 우리에게 일어날 일을 예상할 수 있다. 우리는 어렵고 힘든 시기에도 예수님을 사랑하고 신뢰하는 모습으로 믿음의 신실함을 보일 수 있다. 그것은 단순히 우리에게 미래의 상급을 가져다주기도 하지만 현재에도 예수님에게 더 큰 찬양과 영광과 존귀를 돌려드리게 한다.

이 일이 어떻게 일어날지, 혹은 어떤 모습일지 우리는 상상조차 할 수 없다. 하지만 반드시 일어나리라는 것은 확신할 수 있다. 우리가 미래에 누릴 이 기쁨을 기대할 수 있는 이유는 바로 예수님 때문이다. 예수님은 그분의 삶에서 최악인 순간에도 이 기쁨을 누리셨다. 히브리서는 예수님에게 그 기쁨이 있었기에 십자가와 수치심을 감당하실 수 있었다고 말한다. 예수님은 믿음을 만드신 분이며, 온전하게 하시는 분이다. 그렇기에 우리에게도 예수님이 지니신 것과 같은 믿음과 기쁨을 주실 것이라고 기대할 수 있다. 그날에 예수님이 우리의 믿음을 통해 칭찬과 영광과 존귀를 얻게 하실 것은 당연하다.

미래에 이루어질 이 약속은 우리가 무엇을 바라보고, 어떤 목적을 가지고 살아야 하는지를 점검하게 한다. 혹시 당장 눈앞에 놓인 일만을 바라보며 살고 있는가? 아니면 창조자 하나님이 우리를 부르신 목적을 바라보며 살고 있는가? 미래에 보게 될 예수님의 영광을 기대하며 오늘 우리 삶에 기쁨이 넘치고 있는지를 생각해 보라.

기도문

하나님, _____에게 굳건한 믿음을 주옵소서. 그 믿음의 상급으로 칭찬과 영광과 존귀를 받게 될 그날을 기대하며, 그 충만함으로 살게 하옵소서. 그리고 매일의 삶에서 그 기쁨을 미리 맛보며 살기를 기도합니다.

✉

당신을 위해 베드로전서 1장 6-7절 말씀으로
기도합니다. 당신이 어려운 상황에서도 믿음의
신실함을 잃지 않는다면, 예수님이 다시 오실
그날에 찬양과 영광과 존귀를 얻게 될 것입니다.
오늘도 그날을 기대하는 기쁨으로 당신을 가득
채워 주시기를 기도합니다.

29

하나님의 뜻이
이루어지기를
기도합니다

내 아버지여 만일 할 만하시거든

이 잔을 내게서 지나가게 하옵소서

그러나 나의 원대로 마시옵고

아버지의 원대로 하옵소서 하시고

마태복음 26:39

우리는 울분이 가득한 기도를 토해 내며 하나님 아버지께 엎드릴 때가 있다. 고통스러운 시간을 보낼 때에는 같은 상황을 겪으신 예수님의 기도를 살펴보는 것이 좋다. 겟세마네 동산에서 기도하신 예수님에 대한 성경의 기록을 보면, 예수님은 아버지께 거리낌 없이 자신이 원하는 것을 쏟아 내셨다. 예수님은 간절히 바라셨다. 자기 몸을 희생 제물로 바치는 길 외에 우리를 죄에서 구원할 다른 방법이 있기를 말이다. 다른 방법이 있었다면 그렇게 처절하고 고통스럽게 하나님 아버지와 분리되는 경험을 하지 않으셨을 것이다. 예수님은 하나님에게 간청하셨다. 그것도 세 번씩이나. 가능하다면 이 고통의 잔을 자신에게서 걷어 가 주시기를 말이다. 예수님의 이 간청에 하나님이 어떻게 응답하셨는지는 성경에 나와 있지 않다. 그러나 분명한 것은 하나님의 그 침묵 속에서, 예수님은 "NO"라고 말씀하시는 하나님의 음성을 들으셨으리라는 점이다.

우리는 예수님의 기도와 하나님의 응답에서 적어도 두 가지 깨달음을 얻을 수 있다. 첫째, 우리는 원하는 것을 하나님 앞에서 자유롭게 쏟아 낼 수 있다. 우리는 아버지께 우리 소망을 자유롭게 표현할 수 있다. 그러나 예수님의 기도는 단지 갈망의 솔직한 표출이 아니었다. 그 기도는 하나님의 뜻을 향하여 나아가는 모습의 본보기였다. 이처럼 하나님의 뜻이 우리 계획보다 훨씬 신뢰할 만하다는 것이 전제되어야, 우리 바람보다 그분이 뜻이 이루어지기를 원한다고 말할 수 있다.

둘째, 예수님은 완벽하게 순종하셨고, 그분의 뜻에 온전히 합한 기도를 하셨는데도 하나님은 거절하셨다. 우리는 이 사실에 주목해야 한다. 하나님은 그분의 하나뿐인 아들의 기도에도 그러셨다. 하나님은 우리의 기도에도 침묵하실 수 있다. 그럴 때 우리의 순종이 부족하거나 우리가 충분히 영적이지 않아서 그런 것이라고 생각해서는 안 된다. 열심히 오랜 시간 기도하지 않아서 기도가 응답되지 않았다고 생각해서도 안 된다. 보통 기도에 대해 생각할 때, 우리는 하나님의 보좌를 흔들어 하나님에게 응답을 받아 내는 열쇠라고 생각하는 경향이 있다. 그러나 예수님도 하나님에게 거절받으셨다는 사실을 깊이 생각해 보면, 기도의 중요한 목적이 하나님에게 응답을 받아 내는 것이 아니라는 사실을 알 수 있다. 기도의 목적은 우리가 아버지를 알아가는 데 있다. 그렇게 깊어지는 관계 속에서 우리 의지를 하나님 아버지의 뜻에 맞춰 가는 것이 기도다.

하나님, 가능하다면 이 고통의 잔을 _____에게서 거두어 주옵소서. 그러나 하나님의 선하고 지혜로우신 계획이 이 고난을 당장 없애 주시는 것이 아니라면, _____에게 아버지에 대한 확신을 주옵소서. 그리하여 하나님 아버지의 뜻이 이루어지기를 소망하는 마음을 품게 하옵소서. "나의 원대로 마시옵고 아버지의 원대로 하옵소서"라고 기도하신 예수님이 그 순간을 함께해 주시기를 간절히 기도합니다.

✉

당신을 위해 마태복음 26장 39절 말씀으로 기도합니다. 하나님 아버지 앞에 자신이 원하는 것을 솔직하게 쏟아 놓았던 예수님의 기도를 당신이 알게 되기를, 아버지의 뜻에 순종하고 자신을 내어 드린 예수님의 본을 당신이 따를 수 있기를 기도합니다.

#30

늘 보호하고 계심을
알게 되기를
기도합니다

내가 산을 향하여 눈을 들리라

나의 도움이 어디서 올까

나의 도움은 천지를 지으신 여호와에게서로다

여호와께서 너를 실족하지 아니하게 하시며

너를 지키시는 이가 졸지 아니하시리로다

이스라엘을 지키시는 이는

졸지도 아니하시고

주무시지도 아니하시리로다

시편 121:1-4

명절마다 하나님의 사람들은 유대 평야에서 예루살렘 성전이 있는 언덕까지 오르곤 했다. 이때 그들은 '성전에 올라가는 노래'를 불렀다. 그들은 자신들이 가야 할 높은 곳을 바라볼 때면, 과연 그곳에 무사히 도착할 수 있을지 걱정되었을 것이다. 그 여정에서 그들은 시편 121편을 부르며 서로 묻고 대답했을 테다. 그리하여 성전에서 만나게 될 주님이 우리의 도움이 되신다고 노래하며 선포한 것이다. 주님은 그들 앞에 놓인, 눈에 보이지 않는 함정을 아시고, 그들이 넘어지지 않도록 붙들어 주셨다. 주님은 그들을 늘 세심하게 돌보셨다. 한순간도 빠짐없이.

시편 121편은 당시 성전에 올라가는 이들을 위한 노래였다. 또한 이 노래는 지금 우리를 위한 것이기도 하다. 밤이나 낮이나 우리 삶을 돌보시는 하나님을 묵상하기 위한 노래이다. 이 노래는 우리 삶에 하나님의 허락 없이 일어나는 일은 결코 하나도 없다는 사실을 기억하게 한다. "아무도 [우리를] 아버지 손에서 빼앗을 수 없느니라."(요 10:29)

고통의 순간은 종종 매우 가파른 언덕처럼 보인다.

긴 시간 언덕을 오르며 한 걸음을 뗄 때마다 과연 계속해서 다음 걸음을 내딛을 수 있을지 되묻게 된다. 이처럼 지치고 두려울 때면, 우리를 부르시고 그분의 임재 안에서 예루살렘을 향한 여정을 시작하게 하신 이가 그 길 내내 우리를 도우시리라는 사실을 기억해야만 한다. 주님은 어디에 함정이 도사리고 있는지, 어디로 가면 잘못되는지 아시고, 우리를 늘 올바른 길로 인도하신다. 주님은 졸지도 주무시지도 않는다. 그러니 우리 삶을 주권적으로 돌보시는 주님이 혹시라도 놓치는 것이 있지는 않을까 걱정할 필요가 전혀 없다. 우리가 기도하는 것들이 하나님의 관심 밖은 아닐지, 하나님을 지루하게 해드리는 것은 아닐지 또한 염려할 필요가 전혀 없다. 아무 걱정 말고 우리가 구할 바를 하나님에게 간절히 쏟아 내라.

하나님, ＿＿＿에게 믿음을 더해 주옵소서. 오늘과 내일 그리고 앞으로 다가오는 모든 날에 ＿＿＿가 해내야할 일들을 주님이 도우실 것을 확신하게 하옵소서. 하나님을 떠나 흔들리거나 넘어지지 않도록 하시고, 낮의 분주함과 밤의 불안함으로부터 지켜 주실 줄 믿습니다. ＿＿＿를 지금부터 영원까지 지켜 주시기를 기도합니다.

당신을 위해 시편 121편 1-4절 말씀으로
기도합니다. 하나님은 약속대로 당신을 도우시고,
보호하시고, 세심하게 돌봐 주실 것입니다. 당신이
이 약속을 신뢰하게 해주시기를 하나님에게
기도합니다.

Part 4.

간구하노라

#31

고통에 대한
영원한 관점을 주시기를
기도합니다

모든 은혜의 하나님 곧 그리스도 안에서 너희를 부르사

자기의 영원한 영광에 들어가게 하신 이가

잠깐 고난을 당한 너희를 친히 온전하게 하시며

굳건하게 하시며 강하게 하시며 터를 견고하게 하시리라

권능이 세세무궁하도록 그에게 있을지어다 아멘

베드로전서 5:10-11

베드로가 아시아 전역에 있는 성도들에게 고난에 대한 편지를 쓸 때에는, 분명 그 마음에 분명한 '시간표'가 있었다. 그는 성도들이 믿음을 통해 "말세에 나타내기로 예비하신 구원"을 얻게 될 것과, "여러 가지 시험으로 말미암아 잠깐 근심하게 되지 않을 수 없으나 오히려 크게 기뻐"하게 될 것임을 선포했다(벧전 1:5-6). 그리고 성도들에게 "예수 그리스도께서 나타나실 때에" 주어질 은혜를 소망하며 고통 가운데에서도 그분을 의지할 것을 간청했다. 마지막으로 만물의 마지막이 가까이 왔음을 베드로전서 4장 7절에 적었다.

베드로는 편지 끝에 "잠깐 고난을 당한 너희"라고 적었다. 그는 성도들에게 이 세상에서 받는 고난에는 기한이 있으니 힘을 내라고 격려하고 싶었던 것일까? 그럼 이 구절을 읽고 고통은 오래 지속되지 않을 것이라고 기대해도 되는 걸까?

베드로는 세상에서 겪는 고난을 영원의 관점으로 보고 있었음이 분명하다. 잠깐 고난을 당할 것이라고 분명히 말했기 때문이다. 그 끝이 보이지 않는 고난을 "잠깐" 있을 고난이라고 설명할 수 있으려면, 우리 삶의 시간표를, "영원"으로 향하는 무한한 시간표와 비교할 수 있을 때에만 가능하다. 베드로가 그 시대에 함께 살던 성도들과 지금의 우리에게 말하고 싶은 핵심은 바로 이것이다. "여러분의 고통은 평생 지속될 수 있지만, 예수님과 함께 나누게 될 끝없는 영광에 비추어 볼 때, 그것은 정말 잠시 동안에 불과합니다."

우리가 평생의 고통을 견딜 수 있는 것은 영원한 영광에 참여할 수 있다는 것을 알기 때문이다. 그 영원의 관점 앞에서는 육체적, 정서적, 관계적 고통이란 일생에서 아주 잠깐 머무는 것이라 여겨질 것이다.

기도문

하나님, 주님은 _____를 부르셔서 예수 그리스도를 통해 아버지의 영원한 영광을 나누게 하셨습니다. _____에게 그 영원한 영광의 감격을 맛보게 하옵소서. 고난을 겪을지라도 하나님이 회복시키고, 온전하게 하시고, 강하게 하실 것이라는 확신을 _____의 마음에 채워 주옵소서. 아버지께서 그를 굳건한 반석 위에 견고하게 세워 주실 것을 믿습니다. 모든 권능이 하나님에게 영원히 있습니다.

✉️

당신을 위해 베드로전서 5장 10-11절 말씀으로
기도합니다. 영원이 얼마나 긴 시간인지,
하나님이 당신과 나누고자 하시는 영광이 얼마나
큰지를 실감할 수 있게 해달라고 간구합니다.
당신이 세상의 시련과 고통을 하나님의 관점으로
바라볼 수 있게 되기를 기도합니다.

32

하나님의 사랑을
깨닫게 되기를
기도합니다

그러므로 내가 하늘과 땅에 있는 각 족속에게

이름을 주신 아버지 앞에 무릎을 꿇고 비노니 그

의 영광의 풍성함을 따라 그의 성령으로 말미암아

너희 속사람을 능력으로 강건하게 하시오며

믿음으로 말미암아 그리스도께서 너희 마음에 계시게 하시옵고

너희가 사랑 가운데서 뿌리가 박히고 터가 굳어져서

능히 모든 성도와 함께 지식에 넘치는 그리스도의 사랑을 알고

그 너비와 길이와 높이와 깊이가 어떠함을 깨달아

하나님의 모든 충만하신 것으로

너희에게 충만하게 하시기를 구하노라

에베소서 3:14-19

고통을 겪을 때 어김없이 찾아오는 의문이 하나 있다. '하나님이 정말 사랑이신가?' 하는 것이다. "하나님, 정말 저를 사랑하신다면 이런 일이 일어나게 두지 않으셨을 거예요. 왜 이 문제를 바로 해결해 주시지 않으셨나요?" 우리는 자꾸만 하나님의 사랑을 우리가 처한 환경을 통해 이해하려고 한다. 하지만 이것은 옳지 않다. 우리는 하나님의 사랑을 통해 상황을 이해해야 한다. 그리스도 예수 안에서 우리에게 보이신 그 사랑으로! 하나님은 독생자에게 우리 죄를 대신 지고 가게 하심으로, 우리를 향한 하나님의 사랑을 위대하게 나타내셨다. 이로 인해 더 이상 죄는 하나님과 우리 사이를 가로막을 수 없게 되었다. 바로 이 놀라운 사랑이 우리를 향한 하나님의 사랑을 올바르게 바라볼 수 있게 하는 렌즈다.

우리에게 필요한 것은 하나님의 사랑을 더 명확하고 굳건하게 이해하는 믿음이다. 바울은 에베소 성도들이 현재의 삶 속에서 그 사랑을 깨닫기를 원했다. 하나님 사랑의 너비와 깊이는 결코 헤아릴 길이 없지만, 그들이 충분히 이해할 힘이 생기기를 간구했다.

그리고 성령이 주시는 강건함이 성도들의 영혼에 가득하기를 바랐다. 믿음이 그리스도의 사랑에 깊숙이 뿌리내리고 어떠한 고난이 오더라도 견딜 수 있기를. 하나님에게 사랑받는다는 사실을 영혼 깊은 곳에서부터 믿게 되기를 바랐다. 그리스도의 사랑 안에 뿌리가 깊게 내리면, 그들의 삶에 어떠한 고난의 회오리가 휘몰아치더라도 견뎌 내리라 믿었다. 그들은 온 우주의 주인인 하나님에게 사랑받는 존재임을 믿음으로, 어떠한 어려움도 인내할 수 있는 그리스도의 힘과 생명의 충만함을 지니게 될 것이다.

기도문

하늘과 땅의 모든 것을 창조하신 하나님, 하나님에게 무릎을 꿇고 기도합니다. 영광스럽고 한이 없는 은혜로 성령님을 통해 _____의 영혼을 강건하게 하옵소서. 그의 마음이 그리스도가 친히 거하실 집이 되게 하시고, 믿음의 뿌리가 하나님의 사랑으로 더욱 깊이 심겨지게 하옵소서. _____가 주님의 사랑이 얼마나 넓고, 높고, 깊은지 이해할 수 있는 힘을 주옵소서. _____가 그리스도의 사랑을 경험하고 하나님으로부터 오는 충만한 은혜와 능력으로 온전해지기를 기도합니다.

✉

당신을 위해 에베소서 3장 14-19절 말씀으로

기도합니다. 하나님이 당신의 속사람을 강건케

하시기를 기도합니다. 당신을 향한 하나님의 사랑이

얼마나 광대한지, 그 사랑 안에서 당신이

얼마나 안전한지 이해할 수 있는 능력을

주시기를 간구합니다.

33

어둠 속에서도 함께하시는 하나님을 알게 되기를 기도합니다

여호와 내 구원의 하나님이여

내가 주야로 주 앞에서 부르짖었사오니

나의 기도가 주 앞에 이르게 하시며

나의 부르짖음에 주의 귀를 기울여 주소서

무릇 나의 영혼에는 재난이 가득하며

나의 생명은 스올에 가까웠사오니

나는 무덤에 내려가는 자같이 인정되고

힘없는 용사와 같으며

시편 88:1-4

시편 88편은 에스라 사람, 헤만의 시를 담고 있다. 그는 "내 인생에 고난이 가득하고 죽음이 가까이 왔나이다"라고 노래한다. 우리는 그가 당시 무슨 고통을 겪었는지 알 수 없다. 하지만 그의 시편에 우리가 마음 깊이 공감할 수 있는 이유는 그의 생각과 감정이 솔직하게 담겨 있기 때문이다. 그는 완전히 지쳤다. 하나님의 보살핌에서 잊히고 단절되었다고 느끼고 있다. 하나님이 자신을 가장 깊은 구덩이, 가장 어두운 곳에 던져 버리셨다고 울부짖는다. 심지어 "어둠은 나의 가장 가까운 친구입니다"(시 88:18)라고 말한다.

이 시편은 어떠한 결론 없이 끝난다. 보통 우리가 읽는 시편은 중간 중간 한 줄기 햇살이 비추거나 마지막에는 하나님을 신뢰하겠다는 결연한 다짐으로 끝나곤 한다. 그런데 이 시편은 그렇지 않다. 해결의 실마리가 없어 보인다. 그렇다고 희망이 없다는 뜻이 아니다. 이 시편에는 희미하지만 구원의 빛이 분명 존재한다. 이것은 시편 88편 전체를 통해 잘 드러나 있다. 헤만이 고백하는 하나님은 무능하거나 무심하신 분이 아니다. 우리를 구원하실 유일하신 분이다. 그가 비록 깊은 절망의 밑바닥에서 노래하고 있지만, 그의 삶에는 하나님의 구원의 목적에 대한 확신이 깔려 있다.

우리가 고난에 대해 어떠한 명확한 결론과 희망도 찾을 수 없을 때, 그저 간신히 버티며 어둠 속을 헤매고 있을 때, 시편 88편은 믿음이 실제가 될 수 있음을 보여 준다. 이러한 믿음은 하나님이 우리 기도를 듣지 않으시고 나에게 아무런 도움을 주시지 않는 것처럼 느껴질 때에도 우리가 변함없이 주님에게 나아갈 수 있도록 이끌어 준다. 그 믿음으로 우리는 구원의 하나님만이 이 깊은 어둠을 밝게 비추실 수 있는 유일한 분임을 깨닫는다. 하나님은 우리가 부르짖을 때, 우리와 함께하시고 우리 기도를 들으신다.

기도문

하나님, ＿＿＿를 절망에서 구해 주시길 간절히 기도합니다. 이 모든 고통으로 인해 하나님에게 더 가까이 나아가게 하옵소서. 하나님에게서 멀리 달아나려는 습관을 고쳐 주시고 돌이키게 하옵소서. 하나님이 자신을 잊어 버렸으며, 자신에게 화가 났다고 말하는 거짓된 소리와 자신에게서 얼굴을 돌렸다고 말하는 속임수로부터 그를 구해 주옵소서. 친히 ＿＿＿의 어둠 속으로 들어가 하나님 존재의 빛으로 비춰 주시기를 간구합니다.

✉

당신을 위해 시편 88편 1-4절 말씀으로 기도합니다.
구원의 하나님이 당신이 배척당하거나 고립되지 않도록
보호하시고, 절망하여 포기하지 않도록 구해 주시기를
간구합니다. 당신 삶에 남아 있는 어둠을 빛나는
하나님의 임재로 밝히 비춰 주시기를 기도합니다.

34

보이지 않는 것에
시선을 고정할 수 있기를
기도합니다

그러므로 우리가 낙심하지 아니하노니

우리의 겉 사람은 낡아지나

우리의 속사람은 날로 새로워지도다

우리가 잠시 받는 환난의 경한 것이 지극히 크고

영원한 영광의 중한 것을 우리에게 이루게 함이니

우리가 주목하는 것은 보이는 것이 아니요

보이지 않는 것이니 보이는 것은 잠깐이요

보이지 않는 것은 영원함이라

고린도후서 4:16-18

바울은 이 말씀에서 우리에게 불가능해 보이는 일을 하라고 격려하고 있다. 그것은 "보이지 않는 것들에 시선을 고정"하는 것이다. 그렇다면 여기에서 말하는 '보이지 않는 것'은 무엇이며, 어떻게 우리 시선을 거기에 고정할 수 있을까?

그것은 바로 '영광'을 뜻한다. 이것은 무너진 세상에서 반드시 경험하게 되는 고통의 무게와는 비교할 수 없다. 우리가 상상할 수 없는 "지극히 크고 영원한 영광"이다. 이 영광에 시선을 고정해야 한다는 말이다. 사실 현실의 문제가 생기면 우리는 그 일에서 다른 곳으로 시선을 돌리기 어렵다. 그리고 그 일은 원인도 없고, 인생에서 아무 쓸모 없는 일이라고 생각하기 쉽다. 겉으로는 분명히 그렇게 보인다. 하지만 바울은 현재의 고난이 아무 의미가 없거나 아무 소용이 없는 것이 아님을 말하고 있다.

고난은 눈으로는 볼 수 없지만, 분명 보이지 않는 영역에서 우리를 위해 무언가를 만들고 있다. 그리스도를 위해 우리가 견뎌 내는 이 고난은 비록 지금은 볼 수 없지만, 그분의 얼굴을 뵈올 때 누릴 수 있는 크고 영원한 영광을 낳는다.

이 영원한 영광에 시선을 고정하면 적어도 두 가지 측면에서 유익을 누릴 수 있다. 첫째, 쉽게 포기하지 않는다. 현재의 고통을 뛰어 넘어 다가올 영광을 향해 나아갈 수 있는 굳은 결심과 의지를 우리 안에 심어 준다. 둘째, 새로운 관점으로 삶을 바라보게 한다. 바울이 "현재의 고난은 작고 오래 가지 않을 것"이라고 말할 때, 우리는 그가 이 세상에 존재하는 고통의 무게를 가볍게 보고 있다고 생각하기 쉽다. 하지만 이 말은, 우리 문제가 관점의 문제라는 것을 알려 주는 것이다. 우리에게는 하나님의 영광을 기억하는 데 도움이 되는 성경의 약속들이 필요하다. 이 약속들은 우리 안에 거룩한 상상력을 싹틔워 우리 눈을 열어 줄 것이다.

고난에 집중하는 것을 멈추고 다가올 영광에 시선을 고정하라. 그 어떠한 무거운 짐이라도 가벼워지는 것을 경험하게 될 것이다. 이 영원한 영광을 우리가 얼마나 오랜 시간 누릴 것인지 상상해 보라. 영원할 것 같은 무거운 고난조차 잠깐처럼 느껴지게 할 힘을 주께서 허락하실 것이다.

기도문

하나님, _____가 몹시 크고 사라지지 않을 것처럼 보이는 현재의 문제에 집중하지 않도록 도와주옵소서. 대신 _____가 볼 수 없는 현실, 오늘의 어려움을 영원한 관점으로 바라볼 수 있도록 그의 시선을 하나님에게 고정시켜 주십시오.

✉

당신을 위해 고린도후서 4장 16-18절 말씀으로 기도합니다. 하나님이 우리와 영원히 나누시고자 하는 그 영광을 볼 수 있는 영적인 눈을 당신에게 주시기를 간구합니다. 미래에 다가올 영광과 하나님의 약속이 당신에게 임하여, 오늘의 고난이 작고 하찮게 보이게 되기를 기도합니다.

35

하나님이 당신의 삶에 대한 계획을 이루시기를 기도합니다

내가 환난 중에 다닐지라도

주께서 나를 살아나게 하시고

주의 손을 펴사 내 원수들의 분노를 막으시며

주의 오른손이 나를 구원하시리이다

여호와께서 나를 위하여 보상해 주시리이다

여호와여 주의 인자하심이 영원하오니

주의 손으로 지으신 것을 버리지 마옵소서

시편 138:7-8

하나님은 그분의 손으로 어떤 일을 행하시는가? 하나님은 천지를 창조하시던 때에 땅의 기초를 놓으시고 [그의] 오른손으로 하늘을 펼치셨다.(사 48:13) 강한 손과 펴신 팔로 [이집트에서] 이스라엘 민족을 인도하여 내셨다(신 5:15). 모세는 이스라엘 백성이 홍해를 무사히 건넌 후 이렇게 찬양했다. "여호와여 주의 오른손이 원수를 부수시니이다."(출 15:6) 여호수아는 이스라엘 민족이 마른 요단강을 걸어서 건너간 후에 하나님이 이 일을 행하신 이유에 대해 이렇게 설명했다. "이는 땅의 모든 백성에게 여호와의 손이 강하신 것을 알게 하며 너희가 너희의 하나님 여호와를 항상 경외하게 하려 하심이라."(수 4:24)

하나님은 그분의 자녀들의 삶에 직접 개입하시고 아무리 거칠고 힘든 일이라도 우리를 위해 친히 일하신다. 하나님은 그렇게 우리를 창조하시고, 구원하시고, 보호하시고, 인도하신다. 하나님은 경이롭고 초월적인 존재시지만, 동시에 우리에게서 분리되어 계신 분이 아니다. 하나님은 그분이 사랑하는 자녀들의 삶 곳곳에서 성실히 일하신다.

다윗이 시편 138편을 적을 때, 그는 하나님의 손으로 행하신 모든 일을 생각하고 있었을지도 모른다. 다윗은 하나님의 손으로 백성을 지키고 보호하셨던 위대한 일을 묵상하며 하나님을 향한 확신이 가득했을 것이다. 그리고 자신도 어려움에서 구해 주시고, 결국 그분의 뜻을 이루어 가실 것이라고 소망을 품었을 것이다. 하지만 그 위대한 다윗도 하나님의 손이 행하신 가장 크고 위대한 일은 보지 못했다. 하나님이 십자가에 아들을 내어 주시고 그분의 손에 못이 박히게 되었을 때 성취된 그 위대한 일을 말이다. 하나님의 손이 하신 그 놀라운 구원의 역사를 통해 우리는 그 누구도 하나님이 하실 일을 막지 못한다는 것을 알 수 있다. 그렇다. 하나님은 반드시 당신의 삶 속에 계획하신 그분의 선한 뜻을 이루실 것이다.

하나님, _____가 백성을 구하기 위해 손을 내밀어 주신 아버지의 그 놀라운 역사를 기억하게 하옵소서. 하나님이 누구시며, 어떠한 일을 행하시는지 알게 하옵소서. 지금, 하나님의 그 권능의 팔을 뻗으사 _____를 두려움과 외로움, 절망과 좌절, 원망과 후회로부터 구원해 주시길 기도합니다. 그의 영혼을 무너뜨리는 적으로부터 그를 보호해 주옵소서. 그의 삶을 향한 하나님의 계획을 이루어 주옵소서. 아버지의 계획이 언제나 선하다는 믿음을 _____에게 주시기를 간절히 기도합니다.

✉️

당신을 위해 시편 138편 7-8절 말씀으로

기도합니다. 하나님이 그분의 권능의 팔로 당신을

지키고 구원하시기를, 그분이 당신을 향한 선한

계획으로 오늘도 이끌어 주시기를 간구합니다.

당신을 향한 하나님의 신실하심이 영원할 것임을,

절대로 당신을 떠나지 않을 것임을 믿고, 오늘도

평안하기를 기도합니다.

36

모든 염려를
하나님에게 맡기길
기도합니다

그러므로 하나님의 능하신 손 아래에서 겸손하라

때가 되면 너희를 높이시리라

너희 염려를 다 주께 맡기라

이는 그가 너희를 돌보심이라

베드로전서 5:6-7

누구든지 스스로 낮추는 것을 좋아하지 않는다. 하지만 베드로는 우리가 꼭 배워야 할 특별한 겸손, 낮아짐이 있다고 말한다. 그 특별한 겸손은 현재의 안식을 누리게 하고, 칭찬받을 미래를 기대할 수 있게 한다. 이것은 강요된 겸손이 아니다. 오히려 두려움과 걱정, 그리고 시련의 한 가운데서 우리가 소망하며 품어야 할 겸손이다.

겸손은 내 고민의 무게를 스스로 감당할 수 없다는 사실을 인정하는 것에서 시작된다. 어려운 문제로 혼란의 파도가 덮쳐 내면이 휘청거릴 때, 우리에게는 그것을 견뎌 낼 힘이 없다. 상황을 바꿀 능력도 없다. 무엇을 해야 할지, 어떻게 해야 할지 모른다. 이때 우리가 걱정과 불확실함, 결핍 아래 파묻히지 않는 방법이 있다. 바로 이 모든 무게를 대신 짊어지시고, 해결해 주실 그분에게 적극적으로 그 문제들을 맡겨 드리는 것이다.

하나님은 우리를 위협하기 위해서가 아니라 우리를 돌보시기 위해 그분의 전능하신 손을 펴신다. 우리가 모든 염려를 그분의 강한 손에 맡기는 것이 바로 스스로 낮추는 것이다. 우리를 돌보시는 하나님은 우리를 불안하게 하는 문제, 염려와 혼란에 빠뜨리는 문제에 관심이 많으시다. 그리고 그 짐을 기꺼이 대신 짊어지신다. 우리의 기도는 바로 이 하나님을 향한 것이다.

우리 안의 자존심은 이렇게 속삭인다. "내가 이 문제를 해결하지 못하면 이 상황은 해결되지 않을 거야." "난 강해져야만 해. 내가 이 일을 해결할 수 있어." 하지만 겸손은 이렇게 말한다. "하나님, 저는 당신이 필요합니다. 이 짐을 대신 짊어져 주십시오. 이 상황을 바꾸어 주십시오. 앞으로 나아갈 수 있는 길을 열어 주십시오. 저는 주님만이 그리 행하실 것을 믿습니다. 주님만이 진실로 저를 돌보시는 분임을 확신합니다."

기도문

하나님, 우리는 스스로 통제할 수 없는 것들 때문에 매우 불안합니다. 하나님의 권능의 손을 뻗으셔서 _____를 지키시고, 구하시고, 구원하시고, 보호하시고, 주님에게로 이끄시기를 간절히 원합니다. 하나님이 돌보시고 신뢰할 수 있는 분임을 앎으로 _____가 현재와 미래를 향한 모든 염려를 주님에게 내어 드릴 수 있는 은혜를 허락하여 주십시오.

✉

당신을 위해 베드로전서 5장 6-7절 말씀으로 기도합니다. 하나님의 권능의 손에 모든 염려를 맡김으로 평안을 얻게 되고, 겸손함으로 그분이 주시는 안전을 누리게 되기를 간절히 기도합니다.

37

자족하는 비결을
배우기를 기도합니다

내가 궁핍하므로 말하는 것이 아니니라

어떠한 형편에든지 나는 자족하기를 배웠노니

나는 비천에 처할 줄도 알고 풍부에 처할 줄도 알아

모든 일 곧 배부름과 배고픔과 풍부와 궁핍에도

처할 줄 아는 일체의 비결을 배웠노라

내게 능력 주시는 자 안에서 내가 모든 것을 할 수 있느니라

빌립보서 4:11-13

찬송가 "내 평생에 가는 길"을 부르며 우리는 이렇게 고백한다. "내 평생에 가는 길 순탄하여 늘 잔잔한 강 같든지, 큰 풍파로 무섭고 어렵든지 나의 영혼은 늘 편하다." 이 가사처럼 영혼이 평안하기를 우리가 얼마나 간절히 원하는지 모른다. 그렇다면 이 가사 내용이 어떻게 현실에서 이루어질 수 있을까? 이를 진실로 고백하며 경험하기 위해서 우리가 알아야 할 것은 무엇일까?

사도 바울은 자족하는 법을 "배웠"다고 했다. 그가 만족하기를 배우는 과정에는 불편하고, 가난하고, 학대받고, 배고프고, 불편한 상태가 포함되어 있었다. 바울은 분명히 예수님이 가난하고, 학대당하고, 먹지 못하고, 불편하셨던 것을 묵상했을 것이다. 그는 예수님이 겪으신 고난을 함께 나누고 동참하며 그분과 유일무이한 친교를 나누었을 것이다. 바울은 그리스도와 연합되었기 때문에 자신이 처한 환경과 상황, 모든 것을 묵상할 수 있었다. 바울은 우리를 얻기 위해 모든 것을 내어 주신 예수님의 관점으로 자신이 처한 부족함을 바라보았다. 바울이 기꺼이 만족할 수 있었던 것은 자신의 상황이 바뀔 것이라는 기대 때문이 아니었다. 그는 자신의 상황과 상관없이 그리스도 안에서 만족을 찾기로 결심했다.

우리는 원하는 것을 기도해서 마침내 얻었을 때 만족할 것이라고 생각한다. 그러나 참된 만족은 우리가 원하는 것보다 적게 응답하실 때, 혹은 원하는 것과 전혀 다른 길로 인도하실 때 온다. 우리가 원하지 않았지만 생긴 일. 간절히 구했지만 적게 응답하신 것. 이런 형편 속에서 살아 내야 할 때 비로소 우리는 예수 그리스도만이 우리의 유일한 힘과 도움이 되신다는 것을 알게 된다.

기도문

하나님, _____를 고난의 광야로 이끄신 것을 압니다. 하나님이 무엇을 주시든지, 혹은 주시지 않든지 상관없이 _____가 자족할 수 있는 비결을 알게 하옵소서. 좋은 시절을 지날 때나, 모든 것이 힘들게 느껴지는 험난한 때를 지날 때나 언제든지 감사할 수 있도록 하옵소서. 자족하기 위해 필요한 것들을 _____에게 채워 주옵소서. 그리스도와의 연합하여 누리는 초자연적인 기쁨과 만족으로 충만하게 해주시기를 간절히 기도합니다.

✉

당신을 위해 빌립보서 4장 11-13절 말씀으로 기도합니다. 당신이 그리스도와 연합되었기에 그분의 힘이 오늘 당신을 이끌어 주실 것입니다. 오늘 일어날 모든 상황에서 더 없이 깊고, 참되게 만족할 수 있기를 기도합니다.

Part 4.
간구하노라

#38

그리스도의 재림을
간절히 소망하기를
기도합니다

피조물이 허무한 데 굴복하는 것은 자기 뜻이 아니요

오직 굴복하게 하시는 이로 말미암음이라

그 바라는 것은 피조물도 썩어짐의 종 노릇 한 데서 해방되어

하나님의 자녀들의 영광의 자유에 이르는 것이니라

피조물이 다 이제까지 함께 탄식하며

함께 고통을 겪고 있는 것을 우리가 아느니라

그뿐 아니라 또한 우리 곧 성령의 처음 익은 열매를 받은

우리까지도 속으로 탄식하여 양자 될 것

곧 우리 몸의 속량을 기다리느니라

로마서 8:20-23

삶에서 겪게 되는 고난에 대해 깊게 생각해 본 사람들은 결국 한 가지 공통된 질문을 하게 된다. 바로 "왜?"에 대한 물음이다. "왜 나인가?" "왜 이것인가?" "왜 지금인가?" 우리는 고난과 고통에 대해 이러한 물음을 갖지 않을 수 없다. 그리고 고난에 처한 상황과 그와 관련된 여러 이유를 떠올려 가며 우리가 겪게 된 고난을 이해하기 위해 애쓴다.

로마서 8장에서 바울은 이 "왜"라는 질문에 대해 인류 역사를 되짚어 가며 우리가 답을 찾아갈 수 있도록 돕는다. 아주 오래전 에덴동산에서 일어난 사건으로 죄가 이 세상에 들어왔다. 이 사건은 모든 것을 타락시켰다. 우리를 자연재해와 사고, 질병이나 죽음의 충격에서 피할 수 없게 만들었다. 죄로 시작된 이 저주로 인해 그 어떤 것도, 그 누구도 죄의 영향에서 자유로울 수 없게 되었다.

그러고 나서 바울은 우리 시선을 과거에서 미래의 소망으로 이끈다. 저주가 뿌리째 뽑히고 모든 피조물이 회복되는 바로 그 미래를 향해서 말이다. 또한 우리를 뒤흔드는 저주와 고통에서 시선을 돌려 예수 그리스도가 다시 오시는 부활의 날을 고대하며 기다릴 것을 요청한다.

로마서 8장은 작은 것에 소망을 두려는 우리에게 지금 필요한 관점이 무엇인지 알게 한다. 우리는 바로 앞에 놓인 현실의 문제를 영원의 관점에서 바라보아야 한다. 그래야 우리는 탄식할지라도 결코 단념하지 않을 수 있다. 성령님은 우리를 슬픔과 고통 가운데에도 새롭게 창조될 그날을 기대하게 하신다.

기도문

하나님, 세상을 죽음과 부패로부터 해방시켜 주실 날을 기다립니다. 하지만 우리는 때때로 탄식하고 신음합니다. 이 저주는 너무나 현실적이고, 실제적이며, 우리 삶 가운데 널리 퍼져 있습니다. 지금 이 시간에도 _____는 그 영향 아래에서 고통받고 있습니다. _____의 영혼에 새 생명을 창조하시고 구원의 역사를 시작하여 주심에 감사합니다. 그의 육체를 새롭게 회복시켜 주시기를 엎드려 구합니다. 모든 피조물이 새로워질 위대한 부활의 날이 속히 오기를 바라는 마음이 _____안에 가득하게 하옵소서.

✉

당신을 위해 로마서 8장 20-23절 말씀으로
기도합니다. 하나님이 당신의 탄식과 간구의
자리에서 당신을 만나 주시기를 기도합니다.
죄로 인해 우리 삶 속에 들어온 저주를 뿌리 뽑기
위해 하나님이 일하신다는 사실을 알게 되기를
간구합니다. 모든 피조물이 새로워질 부활의 날이
속히 오기를 기대하는 마음을 하나님이 당신에게
부어 주시기를 기도합니다.

39

주님의 신실하심을
잊지 않기를
기도합니다

내 마음이 그것을 기억하고 내가 낙심이 되오나

이것을 내가 내 마음에 담아 두었더니

그것이 오히려 나의 소망이 되었사옴은

여호와의 인자와 긍휼이 무궁하시므로

우리가 진멸되지 아니함이니이다

이것들이 아침마다 새로우니

주의 성실하심이 크시도소이다

내 심령에 이르기를 여호와는 나의 기업이시니

그러므로 내가 그를 바라리라 하도다

예레미야애가 3:20-24

성경은 우리의 아픔과 고통을 외면하지 않는다. 오히려 깨어진 세상 속에 살면서 겪게 되는 상처가 얼마나 고통스러운지 하나님에게 나아와 이야기할 수 있는 표현을 알려 준다. 우리는 성경 말씀으로 우리의 아픔을 직접 하나님에게 말할 수 있다.

예레미야애가에는 견딜 수 없는 고통과 잃어버린 희망에 대해 탄식하는 슬픔의 노래(애가)가 있다. 애가가 성경에 포함되었다는 사실만으로도 하나님이 그분의 백성에게 무엇을 바라시는지 알 수 있다. 하나님은 고통 가운데 있는 백성이 아픔조차 느끼지 않는 걸 기대하시는 것이 아니다. 우리에게 닥친 고통이 그 어떤 슬픔도 주지 않는 것처럼, 깊고 절망적인 상실을 겪더라도 아무것도 아닌 양 냉담한 반응을 보이길 원하시는 것이 아니다.

애가의 아름다움은 슬픔을 노래하는 것이 단순히 절망을 토로하는 것이 아니라는 데 있다. 애가는 절망 속에서 우리가 무엇을 바라보아야 하는지를 보여 준다. 이러한 깨달음은 애가의 저자가 하나님을 향하여 슬픔에 대한 이야기를 쏟아 낼 때 일어났다. 하나님은 변함없는 사랑의 주님이시다. 이렇게 그 거룩한 이름을 고백하는 것만으로도 그는 고통으로 더욱 선명해진 하나님의 완전하심에 대해 생각할 수 있게 되었다. 하나님의 사랑과 자비는 결코 멈추지 않으며, 그분의 신실함은 영원하시다. 애가의 저자는 절망적인 생각에 귀를 기울이는 대신 자기 자신을 향하여 선포하기 시작한다. **필요한 모든 것은 이미 그리스도 안에 준비되어 있으니, 너의 절망에서 몸을 돌려 하나님 안에 있는 소망을 단단히 붙잡아라!**

하늘에 계신 우리 아버지는 그의 자녀들의 탄식 소리를 외면하지 않으신다. 이 얼마나 기쁘고 좋은 소식인가! 더불어 그분은 애통 속에 있는 우리를 절망에 빠져 있도록 내버려 두시는 분이 아니라는 사실도 기억해야 한다. 우리의 하늘 아버지는 슬픔을 그대로 안고 나아오라고 우리에게 손짓하신다. 하나님은 그분에게로 달려오는 자녀들을 신실한 사랑과 자비로 맞아 주신다.

기도문

하나님, 이 땅에서의 슬픔이 _____를 휩쓸 때, ___가 하나님을 외면하고 비통해 하는 것이 아니라 하나님에게로 나아가 애통함을 쏟아 놓으며 하나님을 바라보게 하옵소서. 하나님의 신실한 사랑의 약속을 통해서만 얻을 수 있는 소망으로 _____를 채우시고, 현재의 풍성한 자비와 앞으로 받게 될 유업에 대한 소망으로도 채워 주시기를 기도합니다.

✉️

당신을 위해 예레미야애가 3장 20-24절 말씀으로 기도합니다. 이 어려운 시기에 당신이 하나님의 자비와, 사랑, 그분의 신실하심을 예전보다 깊이 경험하기를 기도합니다. 당신에게 필요한 모든 것이 예수 그리스도 안에서 영원히 예비되어 있다는 것을 알고 희망과 기쁨이 가득하기를 기도합니다.

평생 기쁨으로
노래하기를 기도합니다

우리에게 우리 날 계수함을 가르치사

지혜로운 마음을 얻게 하소서

아침에 주의 인자하심이 우리를 만족하게 하사

우리를 일생 동안 즐겁고 기쁘게 하소서

우리를 괴롭게 하신 날수대로와

우리가 화를 당한 연수대로 우리를 기쁘게 하소서

시편 90:12, 14-15

모세는 시편 90편에서 우리가 하나님에게 어떻게 기도드려야 하는지를 잘 알려 주고 있다. 우리는 인생의 남은 날을 세는 법을 가르쳐 달라고 하나님에게 기도해야 한다. 태어남과 죽음 사이의 시간이 유한하다는 것을 깨닫고 그 시간 속에서 하나님의 도우심을 구하는 기도를 해야 한다.

우리는 죽음을 미룰 수 있다고 생각할 때가 있다. 하지만 죽음의 시간표가 우리가 원하는 대로 맞아 떨어질 거라는 어리석은 기대는 버려야 한다. 죽음이라는 저주가 우리 삶에 끼치는 영향, 우리는 언젠가 반드시 죽는 존재라는 것을 알고 현재를 살아갈 지혜를 구해야 한다. 예상보다 죽음이 훨씬 빨리 올지도 모른다. 이 사실을 잊지 않는 것이 지혜다. 이러한 지혜가 있어야 삶을 낭비하거나 죽음을 부정하지 않을 수 있기 때문이다.

우리는 주어진 인생이 짧다는 것과 그 후에 영원히 살게 될 삶이 있다는 것을 동시에 볼 수 있어야 한다. 이러한 눈이 있어야 이 땅에서의 시간에 집착하지 않게 된다. 우리는 매일 하나님의 변함없는 사랑을 받고 있다. 우리에게 허락하신 날이 많든지 적든지 그분이 선하고 옳다는 것을 알고 만족할 수 있어야 한다. 그러기 위해서 노래가 있어야 한다. 즐거우나 괴로우나 우리의 모든 날에 부를 노래는 하나님에 대한 확신을 불러일으킨다. 고통 속에서도 굳건한 기쁨으로 우리를 채울 노래가 필요하다.

마지막으로 우리에게 필요한 것은 소망이다. 우리 삶에는 세상의 악과 고통만 그려지지 않는다. 눈에 보이는 이러한 현실에도 불구하고 결국 우리 삶은 하나님의 영광으로 영원히 빛날 것이다. 시편 기자는 하나님에게 이렇게 기도드리라고 가르쳐 준다. 하나님이 우리의 영혼 깊은 곳에 우리가 부를 노래를 새겨 주시기를, 우리가 진정으로 기쁨을 누리게 해 주시기를 기도하는 것이다.

하나님, _____가 삶과 죽음을 올바로 바라보게 되기를 기도합니다. 하나님의 그 지혜를 알아 매일 기쁨의 노래를 부를 수 있도록 도와주옵소서. 하나님이 아침마다 변함없는 사랑으로 _____를 만족시키시고 오늘도 _____에게 기쁨의 찬양을 허락해 주옵소서.

✉

당신을 위해 시편 90편 12, 14-15절 말씀으로

기도합니다. 영원하신 하나님이 인생의 짧음을

헤아릴 수 있는 지혜로 당신을 채우시고,

그분이 주시는 기쁨으로 날마다 노래할 수 있게

해 주시기를 기도합니다.

Part 4.
간구하노라

무엇을 위해 기도할까?

기도가 필요한 사람을 위해 신실하게 기도하는 법

2024년 8월 1일 초판 1쇄 인쇄
2024년 8월 10일 초판 1쇄 발행

지은이 낸시 거스리
옮긴이 유하림
펴낸이 고태석
디자인 김수진 | 엔드노트
편집 프롬와이
펴낸곳 구름이 머무는 동안

출판등록 2021년 6월 4일 제2022-000183호
이메일 cloud_stays@naver.com
인스타그램 @cloudstays_books

ISBN 979-11-982676-6-5 (03230)